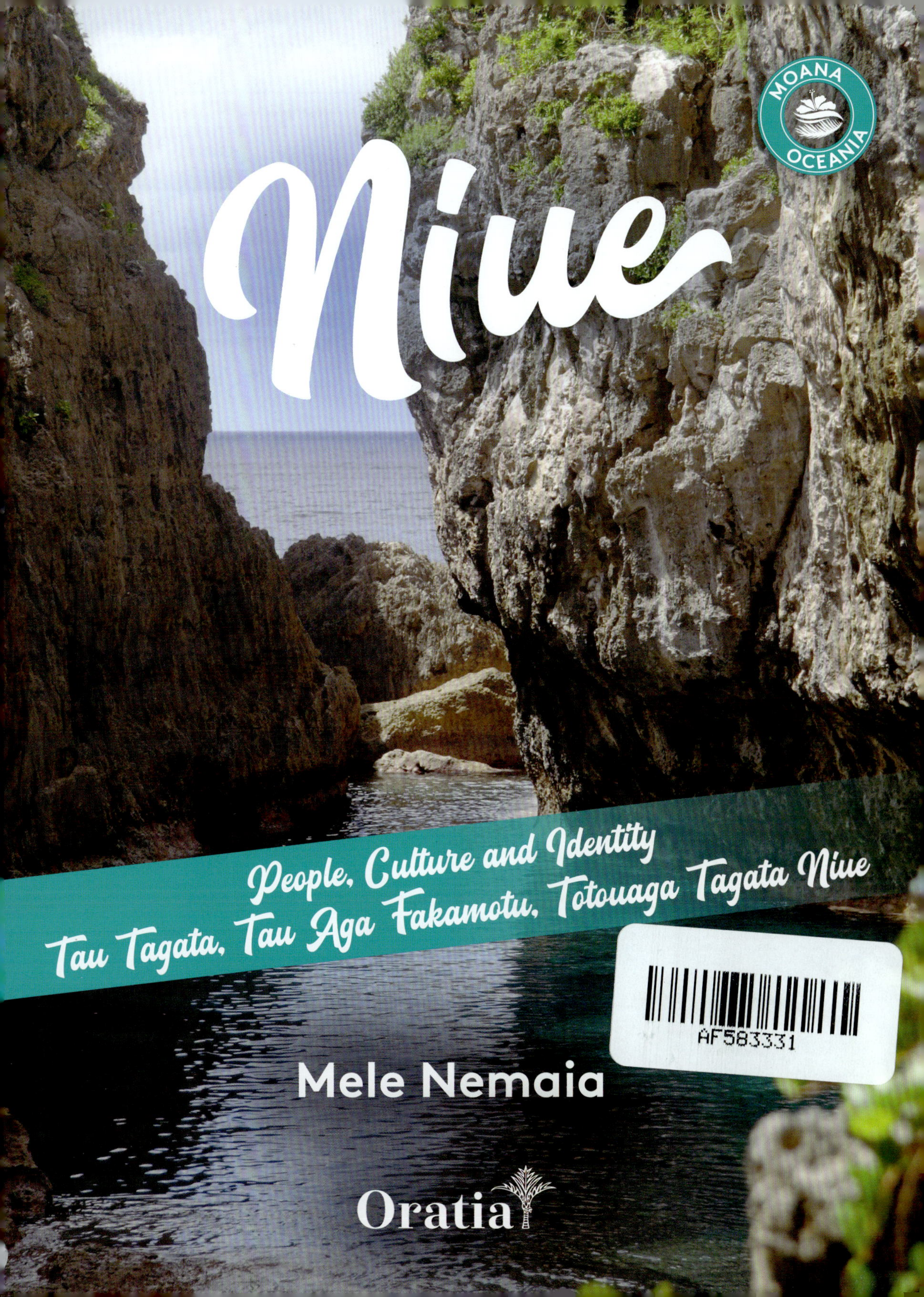
Niue
MOANA OCEANIA
People, Culture and Identity
Tau Tagata, Tau Aga Fakamotu, Totouaga Tagata Niue
AF583331
Mele Nemaia
Oratia

Fakaalofa lahi atu! Hello and welcome!

This book is about Niue and is part of the Moana Oceania series, which introduces the nations of the South Pacific in both English and local languages.

Niue is over 2800 kilometres northeast of New Zealand. It is a small atoll with a population of around 1500 people. Over 30,000 Niue people live in New Zealand.

We wish you well on your journey of learning about Pacific nations, the people who live there and the way they live. Welcome on to our vaka (canoe) as we explore the South Pacific — next stop Niue!

Be proud to be a Niue person!

Fakaalofa lahi atu ki a mutolu oti!

Monū ti tonu e folafolaaga he tau manatu, tau fakamaamaaga mo e tau kumikumiaga ne kua tohia ke he pepa nei. Tu Tagaloa e fakaalofa noa he Atua ke he motu fakahele ko Niue Fekai mo e tau tagata Niue oti ne kua takele fano ai ke he lalolagi.

Molea e ua afe mo e valu e teau (2800) kilomita he mamao ha Niue tu ke he faahi tokelau ki lalo mai i Niu Silani. Ko e motu maka tote, taha e afe lima e teau (1500) e puke tagata ne nonofo i Niue. Molea e tolugofulu afe (30,000) tagata Niue ne nonofo i Niu Silani.

Manako ke tuku atu e tau fakamonuinaaga ke he tau kumikumiaga ke he tau tagata he atu Pasifika, tau tagata ne nonofo ke he tau motu kehekehe, mo e tau puhala ne kua uta aki e tau momoui ha lautolu. Manako ke fakafeleveia atu, heke mai ke he vaka ke lata mo e tau kumikumiaga he Pasifika Toga — Niue e motu ka oatu ki ai!

Fiafia lahi ke iloa ko koe ko e tagata Niue!

Contents

Tau mataulu ne kua folafola

Niue identity

NIUE VALUES

Tagata Niue (Niue people) highly value their relationships with others. The values are emphasised at every opportunity in homes, communities, at church gatherings, schools and workplaces. They are shown through people's actions to show love, caring and sharing through respect, generosity, humility, patience, unity, perseverance and reciprocity.

FAMILY

A family consists of tupuna (grandparents), mother, father, children, aunties, uncles, cousins and adopted children, whether they are legally adopted or not. It is common for family groups of six to 12 or more members to live together. The father is the head of the family. He makes plans and decisions with the support of the mother and grandparents.

There are common terms for positions in a family that lead to a strong connection with the land. These terms include **people of a tribe (magafaoa); ancestors and grandparents (tau tupuna) and descendants (ohi)**.

People of a tribe are those who live together in one home and are related. Ancestors and grandparents are the figures through whom land is passed — in any land dispute the right to land is traced back to tupuna — and their descendants rely on the land for their living.

Family	**Ko e magafaoa**
Father	Matua taane
Mother	Matua fifine
Grandfather	Matua tupuna taane
Grandmother	Matua tupuna fifine
Son	Tama taane
Daughter	Tama fifine
Eldest child	Tama uluaki
Last born	Tama fakahiku
Brother	Tugaane
Sister	Mahakitaga
Baby	Tama mukemuke
Aunty	Taokete; tehina he tama taane; tama fifine
Uncle	Taokete; tehina he matua taane; matua fifine
Cousin	Kasini

Tōtouaga he Tagata Niue

TAU AGA MO E TAU MAHANI MAHUIGA A NIUE

Fakamahuiga lahi he tau tagata Niue e ha lautolu a tau fakafetuiaga. Ko e tau aga mo e tau mahani fakamotu, mahuiga lahi mae tau fakafetuiaga, kitia ke he tau puhala fakafetui ke he tau kaina, maaga, tau tapuakiaga, tau aoga mo e tau gahuaaga. Kitia mitaki e tau aga mo e tau mahani mahuiga nei ke he tau puhala gahua he tau tagata. Fakakite e fakaalofa, fakafeheleaki, fetufatufaaki ka: fakalilifu, fakamokoi, loto holoilalo, fakahautoka, kau fakalataha, fakauka, taui.

TAU MAGAFAOA NIUE

Tau tagata ki loto he magafaoa ke he vahā foou nei, tau mamatua tupuna matua fifine, matua taane, tau fanau, aniti, agikolo, tau kasini, tau fanau hiki, hiki tohi ke he fakatufono poke nakai. Ko e aga mo e mahani ke nonofo auloa e tau magafaoa, ono (6) ke he hogofulu ma ua (12) e tagata he magafaoa ke nonofo auloa. Ko e matua taane ko e ulu he magafaoa. Taute e ia e tau fakatokatokaaga mo e tau fifiliaga, lagomatai ki ai e matua fifine mo e tau mamatua tupuna.

Hanei e tau higoa ke lata mo e tau tutuaga ki loto he magafaoa, ko e tau higoa nei foki ke moua e fakamatutakiaga malolō ke he tau kelekele. Hanei e tau higoa ia.

Magafaoa Tau tagata he magafaoa, tau tagata ne nonofo auloa ke he taha e kaina, ko e tau matakainaga fakalataha.
Tau Tupuna Tau mamatua mai he vahā ia, tau mamatua tupuna. Ki loto he tau magafaoa, moua e matutakiaga ke he tau kelekele ha ko e tau tupuna. Ko e tupuna taane poke tupuna fifine, tupuna tupuna taane poke tupuna tupuna fifine. Kaeke kua fakafetoko ke he tau kelekele, maeke ke kumi atu ki tua ke he tau tutupumaiaga, mai he tau tupuna.
Ohi Ko e tau hologa. Ko e aga mo e mahani mai he vahā fakamua ke fakatokatoka e faihoana mo e fai taane ke fakamalolō aki e taofiaga mo e tonuhiaaga ke he tau kelekele. Mahuiga e tau kelekele ke he tau magafaoa ha ko e falanakiaga ke lata mo e tau momoui. Pihia agaia ke he vahā nei.

LAND

Niue people have a very strong connection to their land. In the early days ancestors cultivated their lands and these were passed on within families, from one generation to another. Landmarks such as native trees were used to mark the boundaries of each piece of land, so families knew who owned what. This system worked well but as time has passed many of these landmarks have been destroyed by hurricanes or fires, or have been cut down by owners. The government encourages each family to survey and register their lands to avoid disputes within families in the future.

Families have their own systems for sharing or distributing land. Some 95% of the land in Niue is owned by people and families, and 5% is owned by the government (Crown lands). The Crown lands were purchased by the Niue government to develop projects and buildings within each village that help to enhance the lives of the people living there. These projects were mainly school buildings and the underground water supply systems.

When village primary schools were closed due to the declining population, the Crown land where they stood was given back to the landowners and families; a common practice put in place to safeguard the land.

VILLAGE LIFE

There are 14 villages in Niue. Some villages are bigger than others. Each village has a village council. Every three years there is an election to determine the members on the village council, unless the village already has the required number of nominees submitted, agreed and adhered to, in which case no election is needed.

Each village council is governed by the Niue Islands Village Council Ordinance 1967. Responsibilities are detailed in this document and include improving housing, agriculture, forestry and horticulture.

Every year each village is assigned a month for their Show Day. On this day delicacies and crops are sold. The day is also the time for a competition to determine the best and biggest crops from the land, as well as to choose the village's best farmer of the year.

TAU KELEKELE

Ko e tau magafaoa mo e tau tagata Niue kua malolō lahi e fakamatutakiaga ke he tau kelekele. Ko e tau vahā fakamua ne gahua mo e talatalai he tau tupuna e tau kelekele nei ke tautiolo ai e tau magafaoa, mai he taha atuhau ke he taha atuhau.

Ko e tau fakamailoga ke lata mo e tau kelekele; tau akau ne fakaaoga ke fakamailoga mo e kitia aki e tau vala kelekele ke iloa mo e mailoga ko hai e magafaoa he tau vala kelekele. Ko e tau puhala nei ne gahua mitaki ke he loga e tau tau ki tua, hoko mai ke he magahala nei kua loga e tau fakamailoga kelekele nei ne kua galo ha kua moumou he tau āfā, vela ha ko e tau afi, poke kua hio moumou ki lalo he tau tagata ha lautolu a tau kelekele. Ko e mena ia kua hataki atu he fakatufono e tau magafaoa oti ke fua mo e tohi fakamau e tau kelekele ha lautolu ke ua fe latauaki e tau magafaoa anoiha.

Igatia e magafaoa mo e ha lautolu a tau fakatokatokaaga ke he veheveheaga he tau kelekele. Hivagofulu ma lima e pasene he kelekele a Niue ne toka ke he tau tagata mo e tau magafaoa ti lima ni e pasene ne toka ke he fakatufono (tau kelekele fakatau he Fakatufono). Fakatau he Fakatufono e tau kelekele nei ke talaga aki e tau fonua mo e tau fale ki loto he tau maaga ke fakahagahaga mitaki aki e tau momoui he tau tagata mo e tau magafaoa. Lahi he tau fonua nei ne talaga aki e tau fale aoga mo e tokaaga he tau vai keli.

Magahala ne pa ai e tau aoga ikiiki ha kua to lalo lahi e puke tagata, ne liuaki e tau kelekele ne fakatau he Fakatufono ke he tau magafaoa ne kua tonuhia ki ai, ko e aga mo e mahani fakatokatoka mai he kamataaga ke lata mo e puipuiaga he tau kelekele.

TAU MOMOUI FAKA-MAAGA

Hogofulu ma fa (14) e maaga i Niue. Falu a maaga kua lalahi ke he falu. Igatia e maaga mo e tau matakau tufono takitaki maaga. Fakahoko e vili he tau tau ke toluaki ke vili mo e fifili e tau tagata ke nonofo ke he matakau tufono takitaki maaga, kae kaeke kua fitā he moua e numela fafati mai ia lautolu ne kua tuku e tau higoa ki loto, ti kua talia auloa mo e muitua ke he tau hatakiaga, nakai fakahoko e vili he maaga ia.

Ko tau matakau tufono takitaki maaga gahua a lautolu ki lalo he Matakau Niue Islands Village Council Ordinance 1967. Ko e ha lautolu a tau gahua kua tohia fakamatafeiga ki loto he pepa nei, putoia ai e tau mena nei, fakahagahaga mitaki e tau kaina nonofo, tau vao, tau akau mo e faahi gahua fonua.

Different types of vegetables and fruit such as talo, yams, bananas and more are on display and for sale. Women's woven handcrafts such as baskets, tablemats, hats and mats are also sold. There are printed fabrics made into bedspreads, pillowcases, tablecloths and more, which add colour and beauty to the day. Craftsmen display and sell their pieces made from native trees, such as tika (spear), small vaka, pendants and wooden bowls.

Village councils look after the village greens, any Crown lands and projects that are funded by the government, and all other meaningful landmarks in the village.

TRADITIONAL VILLAGE NAMES AND MEANINGS
TAU MAAGA, TAU HIGOA TUAI, TAU KAKANO

Village name Higoa maaga	Traditional name Higoa tuai	Meaning Kakano
Alofi Toga	Aliutu	Place where the fish stay. ✖ Ko e nofoaga he ika.
Alofi Tokelau	Tamahatava	The dwelling place of the god Lageiki. ✖ Ko e nofoaga he atua ko Lageiki.
Makefu	Falekaho Atua	A boy child. Location of a reed house of the gods. ✖ Ko e tama taane. Ko e matakavi ne toka ai e fale pola he tau atua.
Tuapa	Uhumotu Falepipi he Mafola	Receding tide, dwelling place of Tafeahemoana. ✖ Fafatiaga he tau peau, ko e kaina nofomau ha Tafeahemoana.
Namukulu	Halahega	Pigeon. ✖ Ko e lupe.
Hikutavake	Mahinatumai	Tail of the tavake fish. ✖ Ko e hiku he ika tavake.
Toi	Fakafaleloto	Name of a tree. ✖ Ko e higoa he akau.
Mutalau	Ululauta Matahefonua	Named for the hero Mutalau, head of the land, dwelling place of the god Huanaki. ✖ Ko e higoa he toa ko Mutalau, ko e ulu/kamataaga he kelekele, ko e kaina nofomau ha Huanaki.
Lakepa	Tamalagau Malaeloa	Perpendicular to the rays of the sun. It was the place of the long space, or road (male). ✖ Ko e laini loa, fakataupa mo e hakemaiaga he laa. Ko e mālē loa poke puhalatu.
Liku	Tamahaleleka	Back of the island, urged to war. ✖ Faahi tua he motu, fakaoho ke he felakutaki.
Hakupu	Fineone	Ha means any, kupu means word, so Ha-kupu, meaning any word. When villagers were asked by a missionary what they heard, they replied, 'Any word from God'. ✖ Ha kupu atua, Hakupu Atua.
Vaiea	Fatiau Tuai	Current in the sea. ✖ Malukeluke he tahi poke vai.
Avatele	Oneonepata	Waves coming up on the sand. ✖ Tau peau ne ohake mai ke he oneone.
Tamakautoga	Tamahamua	Boy from the south. ✖ Ko e tama mai he faahi toga.

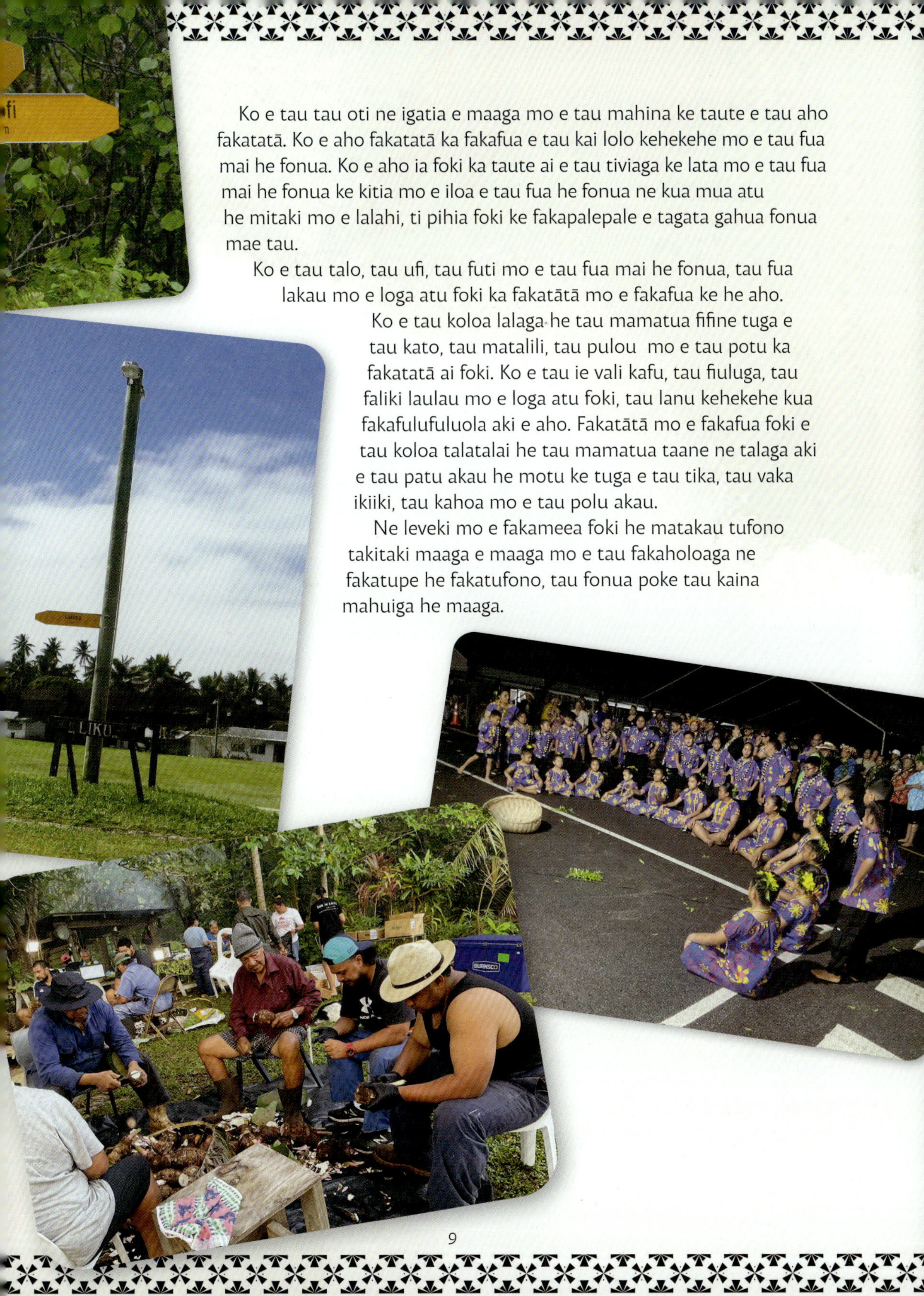

Ko e tau tau oti ne igatia e maaga mo e tau mahina ke taute e tau aho fakatatā. Ko e aho fakatatā ka fakafua e tau kai lolo kehekehe mo e tau fua mai he fonua. Ko e aho ia foki ka taute ai e tau tiviaga ke lata mo e tau fua mai he fonua ke kitia mo e iloa e tau fua he fonua ne kua mua atu he mitaki mo e lalahi, ti pihia foki ke fakapalepale e tagata gahua fonua mae tau.

Ko e tau talo, tau ufi, tau futi mo e tau fua mai he fonua, tau fua lakau mo e loga atu foki ka fakatātā mo e fakafua ke he aho.

Ko e tau koloa lalaga he tau mamatua fifine tuga e tau kato, tau matalili, tau pulou mo e tau potu ka fakatatā ai foki. Ko e tau ie vali kafu, tau fiuluga, tau faliki laulau mo e loga atu foki, tau lanu kehekehe kua fakafulufuluola aki e aho. Fakatātā mo e fakafua foki e tau koloa talatalai he tau mamatua taane ne talaga aki e tau patu akau he motu ke tuga e tau tika, tau vaka ikiiki, tau kahoa mo e tau polu akau.

Ne leveki mo e fakameea foki he matakau tufono takitaki maaga e maaga mo e tau fakaholoaga ne fakatupe he fakatufono, tau fonua poke tau kaina mahuiga he maaga.

EDUCATION

Missionaries brought Western education to Niue by establishing mission schools. These schools were for training church leaders and ministers but reading, writing and maths were also taught.

In 1909, Tufukia School opened. This 'administration school', meaning it was run by the government not missionaries, was under the direction of G.A. Malcolm, who was selected by the New Zealand government as a resident commissioner. Students came from nearby villages; school records indicate that there were 64 students.

Eventually, more schools became secular. The second government school, Tuatea School, was established in Hakupu in July 1952. Between 1950 and 1970 eight schools were established in the larger villages. In 1962, a teacher training college started life.

The New Zealand Government Training Scheme was established in 1965, and 41 Niue students attended. Many teachers returned to Niue after training, but many remained in New Zealand. Students not eligible for funding for overseas schooling often moved to New Zealand after their families made sacrifices to pay and sponsor their access to further education.

TAU AOGA, TAU FAKAAKOAGA

Kamata fakatokatoka he tau faifeau ne oatu fakamua ki Niue e tau aoga Lotu. Ko e tau aoga nei, taute ke lata mo e tau fakaakoaga he tau takitaki he tau tapu mo e tau akoako, fakaako foki a lautolu ke totou, tohitohi mo e tau numela.

Ko e tau taha e afe, hiva e teau mo e hiva (1909), ne hafagi ai e Aoga Tufukia. Ko e tau aoga fakamahani nei, taute he fakatufono, nakai taute he tau faifeau, taute ki lalo hifo he takitakiaga ha G.A. Malcolm, ko ia ne fifili ai he fakatufono ha Niu Silani, ko e Komisina Tokoluga ki Niue. Ko e tau fanau aoga omai mai he tau maaga tata atu ki Alofi. Moua mai ke he tau fakamauaga, ko e onogofulu ma fā (64) e tama aoga he katoa.

Hau fakahaga, loga e aoga ne nakai matutaki atu ke he tau aoga Lotu. Ko e aoga fakatufono ke uaaki ko e Aoga ha Tuatea, fakatū ki Hakupu ia lulai tau taha e afe lima e teau mo e limagofulu ma ua (1952). Vahā loto he 1950 ke he 1970, valu foki e aoga ne kamata ke he tau maaga lalahi. Ko e tau taha e afe hiva e teau mo e onogofulu ma ua (1962) ne kamata ai e Aoga Fakaako Faiaoga.

Tau Fakatokatokaaga Fakaako he Fakatufono Niu Silani ne kamata he tau taha e afe hiva e teau onolima (1965), ti toko fagofulu ma taha (41) e tama aoga Niue ne oatu ki ai. Tokologa e tau faiaoga ne liliu mai ki Niue he oti ha lautolu a tau fakaako, tokologa foki ne nononfo i Niu Silani. Ko lautolu e tau fanau ne nakai moua ha fakatupeaga ke oatu ke he falu a motu ke fakaako, mua atu ki Niu Silani, ne foaki mo e tukumalele e tau magafaoa ke totogi a lautolu ke oatu ke fakalaulahi ha lautolu a tau fakaako.

None of these schools exist today as they were closed due to the declining population. Current places of education are Niue Primary School, Niue High School and seven early childhood centres across the island. Niue Primary School teaches Year 1 to 6 students and Niue High School teaches Year 7 to 13.

Early childhood education centres and the primary school follow the New Zealand curriculum. All students are taught Vagahau Niue and English.

Students catch free buses to the schools, which are all in Alofi. Primary school children are picked up as early as 7 a.m. then the buses return to the villages to collect the high school students. Primary school starts at 8.30 a.m. and finishes at 2 p.m. Niue High School starts at 8.45 a.m. and finishes at 3.30 p.m. Education is free and compulsory for all students from early childhood to high school.

CROPS AND FOOD

In the past, because of the lack of transportation, it was common for families to spend weeks in their areas of bush working on their plantation. Today people use bicycles, motorbikes, cars and trucks to get to and from their plantations.

A variety of crops were planted, including taro, tapioca and yams. These were the main foods along with other crops, for example kumara. Bananas were also planted and could be boiled, baked or grilled.

On Saturday families spent the day at the plantation, clearing new areas for planting, pulling weeds and burning large trees that shelter the crops.

Food was collected for their Saturday evening and Sunday meal and cooked in an earth oven (umu) or if there was not enough time it was taken home to be cooked.

Nakai fai he tau aoga nei ne hafagi agaia, kua pa mo e fakaoti e tau aoga nei ha kua tokolalo lahi e puke tagata. Magaaho nei, ua ni e aoga, Aoga Niue mae tau Fanau Ikiiki mo e Aoga Tokoluga Niue. Fitu e aoga fakamahani, ua i Alofi, takitaha he tau maaga nei, Lakepa, Avatele, Vaiea, Hakupu mo Makefu. Ko e Aoga he tau fanau Ikiiki, kamata mai he Vahega 1 ke he Vahega 6, ko e Aoga Tokoluga, kamata mai he Vahega 7 ke he Vahega 13.

Ne muitua e tau Aoga Fakamahani mo e Aoga he tau Fanau Ikiiki ke he tohi mae tau fakaakoaga a Niu Silani. Ne fakaako oti e tau fanau ke he Vagahau Niue mo e Vagahau Faka Peritania/Vagahau Palagi.

Oatu e tau fanau ke he tau aoga i Alofi he tau pasi heke noa, nakai totogi. Finatu e pasi mo e kamata tamai e tau fanau he Aoga he tau fanau Ikiiki he hola fitu he mogo pogipogi, ka oti ti liu atu ke tamai e tau fanau he Aoga Tokoluga. Kamata e Aoga he tau Fanau Ikiiki he hola hafa e valu ti fakaoti mai he hola ua. Kamata e Aoga Tokoluga he kuata ke ta e hola hiva ke he hafa e hola tolu. Nakai totogi e tau aoga poke tau fakaakoaga ke lata mo e tau fanau oti, mai he tau Aoga Fakamahani ke hoko atu ke he Aoga Tokoluga.

TAU FUA HE FONUA MO E TAU KAI

Ko e vahāia, nakai loga e tau peleō afi he motu, ko e aga mo e mahani he tau magafaoa ne oatu mo e nonofo ai ke he tau vala vao ne gahua ai e tau maala. Ko e vahā nei, kua fakaaoga he tau tagata e tau pasikala taholi, tau pasikala afi, tau motoka mo e tau tulaki ke oatu ke he tau vao poke tau maala ha lautolu.

Tokologa e tau magafaoa ne gahua ke to e tau maala ha ko e puhala ke moua aki e tau kai. Kehekehe e tau fua fonua ne to, tau talo, tau tapioka tau futi mo e tau ufi. Ko e tau matapatu kai a nei mo e loga atu foki falu fua he fonua tuga e tau simala. Loga foki e tau vahega futi kehekehe ne to, maeke ke tunu, tao poke tunu paku.

Ko e tau Aho Faiumu, oatu e tau magafaoa ke gahua ke he tau maala, fakameea ke to aki e tau talo, huo e tau pupu mo e tugi e tau akau lalahi ne alaia mo e malu e tau fua ne to ke he tau maala.

Uta oho foki a lautolu ke lata mo e kai afiafi he Aho Faiumu mo e Aho Sapati, faiumu a lautolu ke tao aki e tau kai he vao kaeke kua fai magaaho, ka ai pihia kua taatu e tau kai ke fakamoho ke he kaina.

Today, many of these practices are no longer performed. Not all families own a plantation. Bulldozers are hired to clear bush areas, with many plantations close to a road to give easy access. Planting is done using a koho lapatoa (metal shaft). Weeds are sprayed and cut using a brushcutter or a weed eater.

Honey and vanilla

In the 1960s Italian honeybees were introduced to Niue. The hives fell into disrepair until 1999 when some were discovered and rebuilt, and the Pacific Bee Sanctuary was created. Since then, the raw and certified organic honey has won international awards, including the Medal of Ukraine for Best International Honey at Britain's National Honey Show in 2016.

Vanilla was introduced to Niue in 1991 and has become an important export crop. Niue Vanilla Organic is the official brand name of the product, which is produced by a company that is 100% owned and operated by Niue people.

Traditional foods

The most popular foods for Niue people are made from fresh ingredients either caught from the sea, found in the bush or cultivated from a plantation.

Takihi is made with sliced talo, sliced pawpaw and fresh or canned coconut cream. The coconut cream is poured over the layered talo and pawpaw, with a bit of salt added for taste. The takihi is prepared in a banana leaf (laufuti). This is closed around the talo and pawpaw and the dish is baked, with the banana leaf wrapping providing a unique taste to the takihi. Today, many people use tinfoil instead of a banana leaf.

Ko e vahā nei, loga e tau puhala gahua ne kua nakai taute. Nakai fai maala poke gahua vao e tau magafaoa oti ha kua tokologa ne kua auhia ke he tau gahua fakatufono. Totogi tupe he tau magafaoa e tau peleō lalahi ke foa mo e fakameea aki e tau vao mo gahua, ti tokologa ne gahua e tau maala tata ke he tau puhala tu ke mukamuka e tau peleō afi ke hoko atu ki ai.

Fakaaoga e tau koho lapatoa ke tō aki e tau talo mo e falu fua he fonua. Pamu e tau pupu mo e fakaaoga foki e tau matini huo pupu ke fakameea aki e tau pupu.

Hani mo e Vanila

Ko e tau taha e afe hiva e teau mo e onogofulu (1960) ne taatu e hani mai i Italia ki Niue. Ne galo mo e malona e tau fatapī ato hoko atu ke he tau taha e afe hiva e teau mo e hivagofulu ma hiva (1999) ne liu moua e tau fatapī ti liu kamata e Pacific Bee Sanctuary. Tali mai he magaaho na, kua fai mailogaaga e hani Niue, fai palepale ne moua mai he lalolagi, moua ai foki e Medal of Ukraine for the Best International Honey he Tiviaga Hani Lahi ha Pelitania he tau ua e afe mo e hogofulu ma ono (2016).

Taatu e vanila ki Niue he tau taha e afe hiva e teau mo e hiva taha (1991), kua mahuiga lahi foki e vanila, hoko foki kua fakafua mitaki ke he tau motu i fafo. Niue Vanilla Organic e higoa he vanila Niue, ko e matakau nei ne lagomatai ke taute e tau vanila Niue, toka foki e tonuhia katoatoa he vanila ke he tau tagata Niue.

Tau kai fakamotu

Ko e tau kai ne mua atu e mahuiga ke he tau tagata Niue ko e tau kai taute aki e tau fua foou mai he fonua, moua mai he tahi moua mai he tau vao poke tau maala.

Takihi taute aki e talo kua hele, tau fua loku mo e puke niu tatau foou. Fakanofonofo e tau vala talo mo e tau vala loku, uta ni ke he lahi he takihi ne manako ki ai, ti ligi aki e gako niu tatau, ganagana aki e masima ke mitaki ka kai. Fakaaoga e laufuti ke fakatoka aki e takihi, āfī ti tao, logona e kehe he takihi he āfī aki e laufuti. Magahala nei, tokologa e tau tagata ne fakaaoga e foila ha kua nakai fai laufuti, mua atu ki a lautolu e tau Niue ne nonofo he tau motu kehe.

The **coconut crab** (uga) has been a traditional food in Niue for centuries. Meat from the uga can be mixed with salad vegetables and spread on a slice of talo.

Supo ika is fish such as wahoo (paala), tuna or hahave and is cooked in coconut cream with onions and a bit of curry powder.

Ota ika is raw or marinated fish. Fish is cut into small pieces, marinated in lime or lemon juice then onions or spring onions and coconut cream are added.

Nani or nane is a hot food, like porridge. Coconut juice is poured into a pot and the coconut flesh is scraped from mature drinking coconuts into the juice. Arrowroot powder is added to create thickness.

Polo is made with any type of edible green leaves such as ferns, nightshade (polofua), talo leaves, pele, spinach or silverbeet. The greens are baked with any type of meat such corned beef (povi masima), lamb or pork chops, sausages, chicken or fish.

Ways of cooking

Tunu paku Cooking on an open fire or hot charcoal.

Umu Traditional earth oven. Although new methods of cooking have been introduced, the umu is still widely used. Sometimes drums are used inside the umu, as it is believed they hold heat longer.

Nani.

Ota ika.

Uga ko e taha kai mahuiga a nei he motu ke he loga e tau tau. Maeke foki ke kape e tau kakano he uga ti fakaaoga ke taute aki e salati poke tuku i luga he vala talo.

Supo ika tunu e tau vala ika tuga e paala, tuna mo e tau hahave, tunu aki e vai i loto he ulo, hele e aniani ki loto, ligi aki e gako niu, hui e kale ti ligi ki loto he supo ika.

Ota ika ko e ika mata fakamohe aki e puke sipolo kona. Hele fakavalavala ikiiki e tau vala ika, ti tatau aki e tau fua sipolo kona, lafi atu ki ai e tau vala aniani (mitaki ka fai aniani Niue) ti ligi aki e gako niu.

Nani poke nane ko e kai vela tuga e poleti. Tipi e tau fua niu inu ti ligi e puke niu ki loto he ulo. Volu e tau vala niu mai he tau fua niu, ti tunu, toka ke puna ti lafi fakatekiteki e pia ke fakamatolu aki e nani, kilu fakamafiti ke ua teputepu e nani.

Polo taute aki e tau lau akau kai kehekehe tuga e luku, polofua, tau lau talo mui, pele, kapisi saina mo e tau lau silverbeet. Fakaaoga e tau polo nei ke tao aki e tau kai kehekehe tuga e punu povi, povi masima, tau vala mamoe, tau tosisisi, moa poke ika.

Tau puhala tunu kai

Tunu paku Tunu e tau kai i luga he fuga afi poke tau malala kapiniu.

Umu Umu ko e puhala tuai ke fakamoho aki e tau mena kai. Pete kua loga e tau puhala foou, mau agaia ke fakaaoga e umu. Kua fakaaoga foki e tau talamu ha kua leva mo e mau e vela.

CLOTHING

In pre-European times it is believed that tapa or hiapo was used as the main source for clothing, especially for women. Tūtū hiapo (a process for making hiapo) has not been practiced on Niue for a very long time.

Niue has no traditional or national costume. Women dress modestly when attending important events. For church on Sundays they wear a skirt or a dress below their knees. At Ekalesia Niue women are required to wear a church hat.

Men wear long pants with a shirt and tie but can also wear a wraparound garment known as a sarong, or formal lavalava (similar to a tupenu, a Tongan garment).

For every day, Niue people wear casual but still modest clothes. Women accessorise their outfits with kahoa hihi — a garland made of tiny yellow shells of snails/hihi — a hairpiece made out of flowers or leaves (foufou), earrings to match and a flower placed behind the ear.

Kahoa hihi are popular and the necklaces are becoming a national piece of jewellery for Niue. To make one garland of kahoa hihi involves a lot of work collecting the tiny yellow snails. Cleaning and drying them takes a while before they can be strung together. The price of one garland of kahoa hihi ranges between NZ$40–50.

TAU KOLOA TUI

Magahala to hohoko mai e tau tagata Palagi, hanei e tau taofiaga, ne fakaaoga e tapa poke hiapo mo tui, mua atu ke tui e tau fifine. Tūtū hiapo ko e puhala ne fakaaoga ke taute aki e hiapo ka kua leva lahi ne nakai fakaaoga he tau tagata Niue.

Nakai fai tapulu poke taute fakamotu a Niue. Tui e tau mamatua fifine ke he tau taute ke he vahā foou nei ka oatu ke he tau toloaga. Ka oatu ke he tau tapuakiaga he tau Aho Tapu, tui a lautolu ke he tau patutiti poke tau tapulu loloa ke galo e tau matatuli. Ko e tapu Ekalesia ha Niue, ko e tau mamatua fifine oti ke tui e pulou ka oatu he tau tapu, mahuiga fakahaga foki e tau pulou ha ko e mena lalaga ni he tau mamatua fifine aki e tau laufa he motu.

Tui e tau mamatua taane he tau fihui loloa, tapulu fafao ti fitiua, mitaki foki ke tui he tau lavalava tuga e tupenu, viko ti pipi (ko e tupenu ko e lavalava, kupu Tonga).

Ko e tau aho oti, tau tauteuteaga tino he tau tagata Niue, tui ke he tau tapulu kua hagahaga mitaki, tau tapulu ke he vahā foou nei. Fakaheihei he tau mamatua fifine ha lautolu a tau tauteuteaga tino aki e tau kahoa hihi, foufou taute aki e tau fiti poke tau lau akau, tui e tau tifa ti hei e fiti he teliga.

Kahoa hihi.

Mahuiga lahi e tau kahoa hihi ke he tau tagata Niue mua atu ke he tau Niue ne nonofo ke he tau motu kehe ti pihia foki mo e tau tagata kehe, nakai ko e tau Niue. Ha kua talahaua lahi e tau kahoa hihi, kua eke tuai mo taha koloa tui kua mailoga aki e tagata Niue. Lahi mahaki e gahua ke taute taha e kave kahoa hihi, gahua uka ke oko e tau fua hihi ikiiki. Fakameea ti tavaki ke fai magaaho, toka ke mōmō to tui. Ko e fakatau he taha e kave hihi ko e \$40–\$50 e tālā.

From discovery to government

POLYNESIAN DISCOVERY OF NIUE

According to traditional stories there were three main groups who migrated to Niue before Captain James Cook arrived in 1774. These people came from Sāmoa and Tonga. The first migration was led by the tupua Huanaki and Fao and their followers from Savai'i in Sāmoa. They settled at the Motu (northern side of Niue). The second migration was from Tonga. On their arrival they fought the people of Niue at Anatoga. The survivors settled at Tafiti (the southern side of Niue).

The third migration was led by Mutalau, believed to be Mataginifale's son. Mataginifale was swallowed by a whale and taken to Tonga where she married the king of Tonga and gave birth to their son, Mutalau. They settled in Mutalau on the Motu side of the island.

It is believed that a further migration was a small group from Pukapuka in the northern Cook Islands, who settled on the east side of the island.

The people lived in caves or dwellings they built using local materials, or in bush settlements. They built thatched roof houses (falepola) for sleeping and cooking. During these times the fear of warfare and hostility drove the people of Niue to live together and support each other. It was not unusual to live in a very large family group, which included extended family members.

EUROPEAN DISCOVERY OF NIUE

Captain Cook was the first European to sight Niue, on 20 June 1774. He landed at Tuapa and after many attempts to go ashore a friendly gesture with Captain Cook and his men took place. The Europeans put goods inside the canoes that were left at the entrance to one of the chasms on the island, hoping to tame the locals so they would allow them to come ashore.

Tau kumikumiaaga ke hoko atu ke he fakatufono

KUMIKUMIAGA HE TAU POLINISIA KI A NIUE

Fakataitai atu ke he tau tala tufakaholo tuai, tolu e matakau ne tuku fenoga mai ki Niue to hoko mai a Kapeni Kuki he tau taha e afe fitu e teau mo e fitugofulu ma fā (1774). Ko e tau tagata nei omai i Sāmoa mo Tonga. Ko e matakau fakamua, ne takitaki he tupua ko Huanaki mo Fao mo e tau tagata ne mumui ki a laua, mai i Savai'i i Sāmoa. Oatu a lautolu nonofo ki Motu (faahi tokelau he motu ko Niue). Ko e matakau ke uaaki mai Tonga. Hoko atu a lautolu ti latau mo e tau tagata Niue i Anatoga. Ko lautolu ne hao mai he tau ne nonofo ki Tafiti (faahi toga he motu ko Niue).

Ko e matakau ke toluaki ne takitaki e Mutalau, fakataitai ki ai, ko ia ko e tama taane ha Mataginifale ne folo he tafūā ti taatu mo e fakalua ki Tonga ti faitaane atu ke he patuiki Tonga, ti fanau e tama taane ko Mutalau. Ne nonofo a lautolu i Mutalau faahi tokelau he Motu.

Fakataitai atu foki ki ai ne fai matakau tote mai i Pukapuka, mai he faahi tokelau he Atu Kuki Aelani (Cook Islands), ne nonofo ke he faahi lalo he motu.

Ne nonofo e tau tagata ke he tau ana, poke tau matakavi ne talaga e lautolu e tau fale aki e tau koloa he motu, poke tau matakavi ni he tau vao ne nonofo ai. Ne talaga e lautolu e tau falepola ke momohe mo e kaitunu ai. Ko e magahala na foki ne lahi e matakutaku ha ko e tau felakutaki mo e mahani vale he tau tagata, ko e mena ia ati nonofo auloa ai a lautolu ke felagomataiaki. Nakai foou ke nonofo auloa e tau magafaoa lalahi, putoia ai e tau matakainaga laulahi he magafaoa.

KUMIKUMIAGA HE TAU PALAGI KI A NIUE

Ko Kapeni Kuki ko e Palagi fakamua ne kitia a Niue, aho 20 ia Iuni 1774. Hohoko atu a lautolu ki Tuapa, laga loga ne lali ke oatu ki uta, ti fai fakafetuiaga mitaki ne taute mo e tau tagata a Kapeni Kuki. Ne fafao he tau Palagi e tau vaka ne toka he matahala ke he ana aki e tau koloa, ke fakalalata aki e tau tagata he motu ke talia a lautolu ke ohake mai ki uta.

Pete ia, taha e tagata ne mahekeheke mo e ita lahi. Ne vali kula e ia haana tau nifo aki e tau fua futi hulahula, ti liti aki e ia e tao a Kapeni Kuki kae hepe. Magaaho ia, ne omai e tau tagata tokologa kua vali kula ha lautolu a tau fofoga mo e vega kehe a Kapeni Kuki mo e haana tau tagata.

However, one man became jealous and angry. He painted his teeth with a red banana (futi hulahula) that turned his teeth red, and threw a spear at Cook but missed. Then, many men with faces painted red appeared and chased Cook and his men away.

The people of Niue were scared to see a white man for the first time and were concerned that the group might bring disease to the island. To scare Cook and his crew away they behaved fiercely and threatened them. Because of these threats Cook named the island Savage Island/Motu Kai Tagata.

In 1887 King Fataiki wrote to Queen Victoria requesting that Niue become part of the monarchy. The request was turned down. In 1900 Niue became a British Protectorate, and in 1901 the island was annexed as part of New Zealand.

THE ARRIVAL OF THE MISSIONARIES

Each time missionaries tried to reach the shore of Niue they were met with challenges. The unwelcoming coastline did not offer easy landing areas and, when they did land, they were not welcomed by the Niue people.

In 1830 Reverend John Williams landed near Tuapa. When he left he took two Niue men with him, Uea and Niuemaga. When these men returned to Niue they were not accepted by their people.

On 26 October 1846, Peniamina (also known as Nukai) from Sāmoa arrived at the shores of Mutalau. With his arrival, the attempt to bring the gospel to Niue progressed. In 1849, Paulo, another man from Sāmoa, brought and taught the gospel to the people of Niue. Throughout the 1850s Peniamina and Paulo worked tirelessly to establish the London Missionary Society (LMS) Church/Tapu Lamosa.

In 1862 Reverend G. Laws, the first European missionary, arrived on Niue. In 1868 his brother Reverend F.G. Laws arrived, staying until 1910. For many years the LMS was the singular religious denomination in Niue. Today, it is known as the Ekalesia Niue.

Other denominations in Niue today include the Church of Jesus Christ of Latter-day Saints/Lotu a Iesu Keriso mae tau Tagata Tapu ke he tau Aho Fakamui Nei, the Catholic Church/Lotu Katokika, Seventh-day Adventist Church/Lotu Aho Fitu, Jehovah's Witnesses/Lotu a Iehova, and the Apostolic Church/Lotu Aposetolika. Christianity plays an important role in the lives of Niue people. Sunday is a sacred day; people are expected to go to church and refrain from any physical work or activity.

Ne matakutaku lahi e tau tagata Niue ke kitia fakamua e tagata tea ti kua mahalohalo lahi foki a lautolu neke tamai e lautolu e tau moko gagao ke he motu. Ke fakamatakutaku aki a Kapeni Kuki mo e haana matakau ne fakakite e lautolu e tau mahani vale mo e kelea ke vega kehe aki a lautolu. Ti mai he tau mahani vale mo e kelea nei ne fakahigoa e Kapeni Kuki a Niue ko e Motu Kai Tagata

Ko e tau taha e afe valu e teau valu fitu (1887) ne tohi atu e Patuiki ko Fataiki ke he Patuiki Fifine ko Vikitolia mo e haana manako ne tuku atu, ke eke a Niue mo taha motu ki lalo hifo he patuiki. Ne nakai talia he Patuiki Fifine e manako nei. Ko e tau taha e afe mo e hiva e teau (1900) ne hoko a Niue ko e taha motu ki lalo he Puipuiaga ha Pelitania, hoko atu ke he tau taha e afe hiva e teau mo e taha (1901) ne hoko a Niue ko e taha motu ki lalo hifo ia Niu Silani.

HOKOMAIAGA HE TAU FAIFEAU

Ko e tau magaaho oti ne lali e tau faifeau ke ohake mai ki uta he motu ko Niue, nakai mitaki e tau fakafeleveiaaga, loga e fakalavelave. Ko e tau matafeutu hagahakelea, nakai hagahaga mitaki ke ohake mai ki uta, kae hohoko hake a lautolu ki uta, kua nakai talia he tau tagata Niue a lautolu.

Ko e tau taha e afe valu e teau mo e tolugofulu (1830) ne hoko mai e Faifeau ko John Williams, hake mai i Tuapa. Magaaho ne fano kehe a ia mo e motu ne uta e ia tokoua e tagata Niue, ko Uea mo Niuemaga. Magahala ne liliu mai a laua ki Niue ne nakai talia he tau tagata Niue.

Ko e aho uafulu ma ono ia Oketopa, tau taha e afe valu e teau mo e fagofulu ma ono (26 October 1846), ne hau a Peniamina (iloa ai foki ko Nukai) mai i Sāmoa, ti hake mai ki uta i Mutalau. Ko e haana fenoga, mo e haana laliaga ke taatu e evagelia mo e fakaako ke he tau Niue. Ko e tau taha e afe valu e teau mo e fahiva (1849), ko e tagata ne higoa ko Paulo, ko ia mai foki i Samoa, ne taatu e talamitaki mo e fakaako ke he tau tagata Niue. Ko e tau ia foki, taha e afe valu e teau mo e fa hiva (1849) ne gahua fakalahi a Peniamina mo Paulo ke fakatu e Tapu Lamosa (LMS) ke he tau tagata Niue.

Ko e tau taha e afe valu e teau mo e onogofulu ma ua (1862) ne hoko atu e faifeau fakamua ko e Faifeau ko G. Laws ki Niue. Ko e tau taha e afe valu e teau mo e onogofulu ma valu (1868) ne hoko atu haana tehina ko F.G. Laws ke gahua mo ia, ne nonofo a laua a to hoko atu ke he tau taha e afe hiva e teau mo e hogofulu. Ke he loga e tau tau, ne taha maka ni e tapu i Niue, ko e Tapu Lamosa. Ko e magahala nei kua iloa ko e tau Ekalesia Niue.

Falu a fakapotopotoaga kehekehe i Niue ke he magahala nei, Ko e Lotu a Iesu Keriso Mae tau Tagata Tapu ke he tau Aho Fakamui Nei, ko e Lotu Katolika, Lotu Aho Fitu, Lotu a Iehova mo e Lotu Aposetolika. Mahuiga lahi e tuaga Kerisiano mae tau momoui he tau tagata Niue. Ko e Aho Tapu ko e aho fakatapuina; ko e aho ke okioki e tau tagata mo e oatu ke he tau tapuakiaga, mo e okioki mai he tagahua mamafa.

GOVERNMENT

Niue was annexed by New Zealand in 1901 and a series of commissioners arrived to act as the main representatives of New Zealand. They oversaw the administration of the island and acted as judges in the High Court and Native Land Court. In the 1950s Commissioner Hector Larson was murdered by three Niue men, after he was deemed to have harshly treated them when they were charged with a crime.

The name
In addition to Cook's name for Niue (Savage Island/Niue Fekai), the island is known as The Rock of Polynesia/Nukututaha ('an island on its own') and Motusefua. These names are used at special events or in a formal introduction to a speech.

The New Zealand Parliament restored self-government to Niue when the Niue Constitution Act was granted in 1974. The position of resident commissioner was replaced with high commissioner. The Niue Constitution sets out the make-up of the executive, legislative and judicial branches of the government. Robert Rex was elected as the first premier of Niue, a position he held for 18 years.

Niue is a parliamentary democracy and elections are held every three years.

The Niue Assembly/Fono ekepule he Fakatufono Niue enacts laws of Niue. There are 20 members; 14 are elected by village voters and six are elected by all registered voters living in Niue. The Assembly elects the prime minister, who in turn selects three members from the Assembly to make up the Cabinet.

In August 2024 a new law changed the title of premier to prime minister. In 2025 Niue's prime minister is Dalton Tagelagi, who has held office since 2020. Parliamentary House/Fale Fono is located in Halamahaga, Alofi.

On 19 October 2024 thousands of Niue people from outside of Niue, as well as leaders and dignitaries from numerous Pacific nations, travelled to the country to mark and celebrate Pule Fakamotu, 50 years of self-government in free association with New Zealand.

Prime Minister Dalton Tagalegi.

Niue is a 'realm state', meaning it is a self-governing nation that operates under free association with New Zealand; it is part of the realm of New Zealand.

FAKATUFONO

Ne hoko a Niue ko e taha motu ki lalo hifo ha Niu Silani he tau taha e afe hiva e teau mo e taha (1901), mo e tau komisina ne fakatū, ke hukui aki a Niu Silani. Ha ha ia lautolu nei e kitekiteaga laulahi ke he tau fakatokatokaaga he motu, ko lautolu foki ko e tau hukui iki fakafili ke he tau Fakafiliaga mo e tau Hopoaga mae tau Kelekele he motu. Ka kua fakaalofa, tokotolu e tagata Niue ne kelipopo e lautolu e Komisina ko Hector Lasini he tau taha e afe hiva e teau mo e limagofulu (1950), ne taute fakakelea mo e tā e hokotaki kelea ki a lautolu.

Ne liu fakatu mai he Fakatufono ha Niu Silani e fakatufono Pule Fakamotu ki lalo hifo he tohi fakavē a Niue, foaki mo e fakamooli he tau taha e afe hiva e teau mo e fitugofulu ma fā (1974). Ko e kotofaaga he Komisina Nofomau ne tui aki e kotofaaga ko e Komisina Tokoluga. Ko e Tohi Fakave a Niue, ne fakatokatoka aki e tau hukui tokoluga he matakau, fono ekepule mo e tau matakau ke lata mo e tau fakafiliaga. Ko Robert Rex e Palemia fakamua ha Niue ne fifili, ko e kotofaaga ne nofo a ia ki ai ke he hogofulu ma valu e tau.

Higoa

Fai higoa foki ne ui aki a Niue, nakai ni ko e higoa ne ui aki e Kapeni Kuki ko e Motu Kai Tagata, iloa ai foki, Ko e Matamaka he Polenesia, ko Nukututaha ('ko e motu tu tokotaha'), taha higoa foki ko Motusefua. Fakaaoga e tau higoa nei ke he tau faiagahau ke lata mo e tau fakamatalaaga ke fakafeleveia aki e tau tagata.

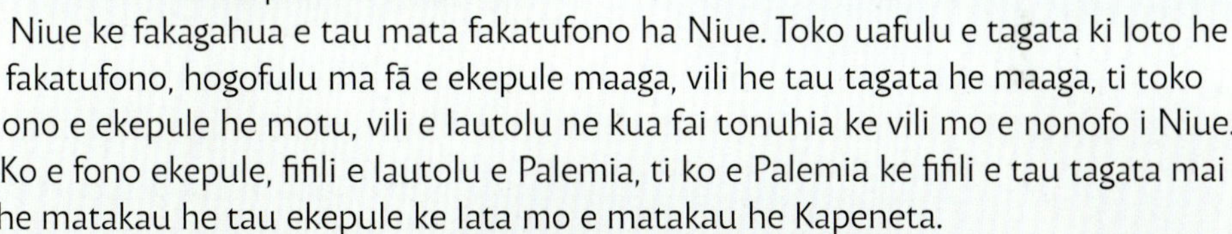

Ko Niue ko e fakatufono he fakatokanoaaga mae tau tagata, vili lagataha he tau tau ke toluaki.

Ko e Fono Ekepule he Fakatufono Niue ke fakagahua e tau mata fakatufono ha Niue. Toko uafulu e tagata ki loto he fakatufono, hogofulu ma fā e ekepule maaga, vili he tau tagata he maaga, ti toko ono e ekepule he motu, vili e lautolu ne kua fai tonuhia ke vili mo e nonofo i Niue. Ko e fono ekepule, fifili e lautolu e Palemia, ti ko e Palemia ke fifili e tau tagata mai he matakau he tau ekepule ke lata mo e matakau he Kapeneta.

Ko e mahina Aokuso tau ua e afe mo e uafulu ma fā (2024), ne hiki e higoa premier to prime minister (ka kua iloa ni ko e Palemia), ne talia mo e omoi he tau tagata e hikiaga ia. Ko e tau ua e afe mo e uafulu ma lima (2025), ne mau agaia a Dalton Tagelagi ko e Palemia a Niue tali mai he tau ua e afe mo e uafulu (2020). Ko e Fale Fono a Niue ha ia ne tū ke he fonua ko Halamahaga i Alofi.

Ko e aho hogofulu ma hiva ia Oketopa tau ua e afe mo e uafulu ma fā (2024), ne molea e afe tagata Niue ne nonofo ke he falu motu kehe he lalolagi, mua atu ki a lautolu mai i Niu Silani mo Ausetalia, tau takitaki, tau hukui mai he tau motu he atu Pasifika ne fenoga mai ki Niue ke lata mo e fakamailogaaga he tu e limagofulu tau he Pule Fakamotu, limagofulu (50) e tau he leveki mo e uta ni he tau tagata Niue e fakatufono Niue.

Ko Niue ko e taha he tau motu ne fakagahua ni e lautolu ha lautolu a fakatufono, nakai fai talahauaga a Niu Silani, pete ia, fai matutakiaga agaia mo Niu Silani.

POPULATION

The population of Niue has declined rapidly since the 1960s due to the migration of people, mainly to New Zealand, seeking better lifestyles, work opportunities and education for their children. Digital 2024 reported that in January 2024 the population of Niue was 1934 people. Those aged between 15 and 59 made up the highest proportion of the population. Niue people are moving to Australia in greater numbers, and Niue communities have been established in Sydney, Brisbane and Melbourne. There has also been a marked growth of Niue people living in Perth.

Easy access to New Zealand has been one of the main factors that has led to a declining population in Niue. A Niue person (tagata Niue) is a citizen of New Zealand, which means they can travel between the two countries as they wish. The opening of Hannan Airport in 1971 made travel outside of Niue relatively easy. Before air travel was available families might only be able to afford to send one or two family members overseas; today entire families are leaving at the same time.

Niue people in New Zealand

Niue tupuna would often say, 'Aotearoa, ko e motu he huhu mo e meli' ('Aotearoa is the land of milk and honey'). Today, there are more Niue people living overseas than on the island, in particular in Auckland, New Zealand. Over 30,000 Niue people live in New Zealand, which is 90% of all who identify as tagata Niue. The other main places Niue people live include Hamilton, Christchurch, Wellington, Whangārei and the Waikato.

PUKE TAGATA

Ko e puke tagata ha Niue, ne mafiti lahi e numela ke to ki lalo tali mai he tau taha e afe hiva e teau mo e onogofulu (1960) ha kua kumi atu e tau tagata ke moua e tau momoui hagahaga mitaki, ke moua e tau gahua mo e tau fakaakoaga mitaki mae tau fanau. Tau hokotaki ne moua he tau ua e afe mo e uafulu ma fā (2024) he mahina Ianuali, ko e puke tagata ha Niue ke he magahala na ko e taha e afe hiva e teau mo e tolugofulu ma fā (1934). Ko lautolu ne hogofulu ma lima ke he limagofulu ma hiva (15–59) e tau tau moui, tokoluga e numela ha lautolu ke he katoatoaaga he puke tagata. Tokolga foki e tau tagata Niue ne kua oatu ki Ausetalia, ti kua fakamaopoopo e tau matakau ki Sydney, Brisbane mo Melbourne. Tokologa foki e tau Niue ne kua oatu mo e nonofo i Perth.

Mukamuka lahi ke oatu mo e omai ki Niu Silani, ko e taha ia he tau kakano ne mafiti e puke tagata a Niue ke to ki lalo. Ko e tagata Niue kua iloa ko e tagata Niu Silani, kakano, maeke he tau tagata Niue ke o fano ke he tau kautu nei ne ua he ha magaaho kua manako a lautolu ki ai. Ne hafagi e Malē Vakalele a Hannan he tau taha e afe hiva e teau mo e fitugofulu ma taha (1971), ti mukamuka lahi e tau fenoga o fano ki Niue. Fakamua to fai vakalele ke uta fano e tau tagata, ko e taha poke ua ni e tagata he magafaoa ne kua maeke ke oatu ke he falu a motu; ka ko e magahala nei kua maeke tuai e magafaoa ke o kehe mai he motu ke he taha e magaaho.

Tau tagata Niue i Niu Silani

Pehē mai e tau vagahau he tau tupuna: 'Ko Aotearoa, ko e motu he huhu mo e meli'. Ko e magahala nei, kua mua atu e tokologa he tau tagata Niue ne nonofo kehe mai he motu, tokolga lahi ki Okalana i Niu Silani. Molea e tolugofulu e afe (30,000) Niue ne nonofo i Niu Silani, hivagofulu (90%) he pasene e tau tagata nei ne kua totou ko e tau tagata Niue. Ko e falu a matakavi ne nonofo ai e laulahi he tau tagata Niue, ko Hamilitoni, Kalasiosi, Ueligitoni, Whangarei mo Waikato.

Language

Niue elders (mamatua) say, 'Vagahau Niue is a gift that God has blessed the tagata (person) Niue with'. Vagahau Niue (Niue language) is the native language of Niue and it is the foundation of Niue culture and identity. In July 2013 Vagahau Niue and English (Vagahau Peritania) were classified as the official languages of Niue.

On Niue the majority of people can speak Vagahau Niue and English. However, in 2013 the New Zealand census recorded that 23,880 identified as Niue people but only 4355 spoke fluent Vagahau Niue.

In the 2022 Niue census, the status of Vagahau Niue showed a trend of decreased competence across all language dimensions, with the proportion of people proficient in Vagahau Niue steadily decreasing. UNESCO has categorised Vagahau Niue as an endangered language.

The population of those who identify as tagata Niue in New Zealand has been a fast-growing one, in particular young people. Many are born and raised in New Zealand or in other parts of the world, which has meant there are generations of Niue people who are not brought up with, exposed to or taught Vagahau Niue.

A comparison of numbers using Vagahau Niue between 2006 and 2013 shows an enormous decline in the use of the language, not only in New Zealand but also in Niue. Many Niue-born and raised children are attending Niue Primary School but are not speaking Vagahau Niue, as English is becoming their first language.

Ko e Vagahau

Pehē mai e tau mamatua, 'Ko e Vagahau Niue ko e mena fakaalofa ne fakamonuina aki he Atua e tagata Niue'. Ko e Vagahau Niue ko e vagahau motu, ko e fakaveaga he tau aga fakamotu mo e ko e totouaga he tagata Niue. Mahina Iulai, tau taha e afe mo e hofogulu ma tolu (2013) ne fakamooli mo e mailoga ai e Vagahau Peritania ko e taha vagahau he motu ko Niue. Tokologa e tau tagata Niue ne kua maeke ke vagahau e Vagahau Niue mo e Vagahau Peritania.

Ko e tau taha e afe mo e hofogulu ma tolu (2013) ne fakamau ai he Faahi Totou Puke tagata ha Niu Silani ko e uafulu ma tolu e afe valu e teau mo e valugofulu (23,880) e tagata ne kua totou ko e tagata Niue kae fa ni e afe tolu e teau mo e limagofulu ma lima (4355) ne kua maeke ke vagahau e Vagahau Niue.

Ko e totou puke tagata he tau ua e afe mo e uafulu ma ua (2022), ne kitia ai e tuaga he Vagahau Niue kua to hifo fakahaga ki lalo e fakaaogaaga he vagahau ke he tau lālā kehekehe, ko e tau tagata ne kua mafiti ke vagahau mo e fakaaoga e vagahau Niue kua matutaki fakahaga ke to hifo ki lalo tali mai he totou puke tagata he ua e afe mo e ono (2006). Kua tohia ai foki he UNESCO e Vagahau Niue ko e vagahau kua tū hagahaga kelea lahi.

Ko e puke tagata Niue ne kua totou ko e tau tagata Niue i Niu Silani, kua mafiti lahi ke tupu tokologa, mua atu ke he tau atuhau fuata. Tokologa e tau atuhau ne fanau mo e tutupu hake i Niu Silani ti pihia ke he falu a kautu he lalolagi, pete ia, tokologa e tau atuhau a Niue kua nakai tutupu hake ke he Vagahau Niue, kua nakai logona mo e nakai fakaako e Vagahau Niue.

Fakatatai atu e numela tagata ne vagahau e Vagahau Niue he tau ua e afe mo e ono ke he tau ua e afe mo e hogofulu ma tolu (2006–2013), kitia kua to tokolalo lahi mahaki e fakaaogaaga he Vagahau Niue, nakai ni ki Niu Silani kae pihia foki ki Niue. Tokologa he tau fanau Niue ne fanau mo e feaki hake i Niue, oatu ke he Aoga he tau Fanau Ikiiki, kua nakai maeke ke vagahau e Vagahau Niue, ti ko e Vagahau Peritania ko e vagahau fakamua ha lautolu.

THE ALPHABET

There are 17 letters in the Niue alphabet: a, e, i, o, u, f, g h, k, l, m, n, p, t, v, s, r

TAU MATATOHI

Ko e hogofulu ma fitu (17) la e matatohi ke he tau Matatohi Niue: a, e, i, o, u, f, g, h, k, l, m, n, p, t, v, s, r

Vowels

Each vowel has a short and a long form. The long form uses a macron (a dash) over the vowel.

Tau vaoeli

Igatia e vaoeli mo e tau fakaleo, kū poke loa. Ko e vaoeli loa, hehele a luga he vaoeli.

Short form Fakaleo kū	Sounds like Fakaleo tuga	Long form Fakaleo loa	Sounds like Fakaleo tuga
a	u in b**u**t/tuga e **a**la	**ā**	a in **a**rrive/tuga e **aa**lo
e	a in l**a**y/tuga e **i**kiiki	**ē**	**e**gg/tuga e **e**lefan**e**
i	e in d**e**al/tuga e **i**ka	**ī**	ee in gr**ee**t/tuga e **ii**hi
o	second o in coc**o**a/tuga e **o**maoma	**ō**	o in m**o**rem/tuga e m**ō**tie
u	oo in b**oo**t/tuga e **u**ga	**ū**	oo in s**oo**n/tuga e mul**ū**

Consonants

Each consonant is followed by a particular vowel sound. 'G' sounds out 'ng'.

Tau Konosane

Igatia e konosane mo e fakaleo fakapiki aki e vaoeli. 'G' fakaleo 'ng'.

	Sounds like/Fakeleo tuga
f	f in **f**ather/tuga e **fa**kaako
g	g in sin**g**ing/tuga e **g**a**g**ao
h	h in **h**ow/tuga e **h**omo
k	c in **c**an/tuga e **k**a**k**au
l	l in **l**ike/tuga e **l**iogi
m	m in **m**utter/tuga e **m**o**m**oko
n	n in **n**anny/tuga e **n**ua
p	p in **p**ie/tuga e **p**uaka
s	s in **s**now/tuga e **s**ipunu
t	t in **t**in/tuga e **t**o**t**oko
te, ti	te in **tete**ki: fakaleo **sese**ki; **ti**aki: fakaleo **si**aki
v	v in **v**an/tuga e **v**ilo**v**ilo

Motu and Tafiti dialects

There are two dialects of Vagahau Niue. The Motu dialect comes from the northern side of Niue and means 'people of the island'. Tafiti is from the southern side and means 'people from a distance, strangers'. The differences between these dialects are the vocabularies, pronunciation and spelling.

Tau Kupu, tau fakaleo Vagahau, Motu mo e Tafiti

Ua la e puhala vagahau mo e tau fakaaogaaga he Vagahau Niue. Mai ia he faahi tokelau, faahi he Motu, kakano ko e tau tagata he motu, mo e mai he Tafiti, ko e tau tagata mai he faahi toga. Kakano he kupu Tafiti, ko e tau tagata omai mamao, ko e tau tagata kehe. Ko e tau kehekeheaga lahi he tau puhala vagahau nei, ko e tau kupu, tau puhala fakaleo mo e tohi he tau kupu.

TAU FAKATAI/PROVERBS

Tao e umu ke moho. Make sure your umu is well cooked.

Ka taute ha gahua, taute ke maeke poke taute ke oti mitaki.
When undertaking a task, do a proper job and complete it with satisfaction.

Uku aki e ulu. It is upon your head.

Ko e heigoa ni e fakaotiaga, fakauka ke he haau a fifiliaga. (Ko e hatakiaga he tau mamatua poke tagata lahi ke he tau atuhau fuata.)
Regardless of the outcome or circumstances persevere with your choices. (This is advice given by parents or adults to young people.)

Aalo auloa e vaka. Paddle the canoe together.

Gahua auloa ke maeke ke fakatauō auloa ki mua.
Work as a team to move forward.

Ko e tau monuina hanā he haau a tau alolima. The blessings are in your hands.

Tau kupu navanava mo e fakaohooho ha kua kautu mai he tau gahua uka.
Words of acknowledgement and encouragement for the success from hard work.

BASIC WORDS AND PHRASES

TAU KUPU MO E TAU TALAHAUAGA MUKAMUKA

Hello	Fakaalofa atu
Are you well?	Malolō nakai a koe?
How are you?	Fēfē a koe?
Thank you, I'm well	Fakaaue, malolō
What is your name? I am (name of person)	Ko hai e higoa haau? Ko au ko (name of person)
Where do you live? I live in (name of place or area)	Nofo a koe i fe? Nofo au i (name of place or area)
Goodbye to you! Goodbye (name of person)	Koe kia! Koe kia ma (name of person)
Goodbye (said by person leaving)	Nofo a koe!
Goodbye (to two people)	Nonofo a mua; Mua kia
Goodbye (to more than two people)	Nonofo a mutolu; Mutolu kia
Please	Fakamolemole
Thank you	Fakaaue
Very good	Mitaki lahi

NUMBERS/TAU NUMELA

1	taha
2	ua
3	tolu
4	fa
5	lima
6	ono
7	fitu
8	valu
9	hiva
10	hogofulu
11	hogofulu ma taha, ua, tolu etc

20	uafulu
21	uafulu ma taha, ua, tolu etc
30	tolugofulu
31 ...	tolugofulu ma taha, ua, tolu etc
41 ...	fagofulu ma taha, ua, tolu etc
51 ...	limagofulu ma taha, ua, tolu etc
61 ...	onogofulu ma taha, ua, tolu etc
71 ...	fitugofulu ma taha, ua, tolu etc
81 ...	valugofulu ma taha, ua, tolu etc
91 ...	hivagofulu ma taha, ua, tolu etc
100	taha e teau

NIUE LANGUAGE WEEK IN NEW ZEALAND

In 2012 the Vagahau Niue Trust was established to help maintain and retain Vagahau Niue for Niue people who are born and live in New Zealand. Trust representatives travelled to Niue to seek support from the people of Niue, which resulted in a Memorandum of Understanding between Premier Sir Toke Talagi and Mele Nemaia, chairperson of the Trust.

Each year members of the Trust plan a nationwide week of celebration of Vagahau Niue. A theme is set and, in collaboration with the Ministry for Pacific Peoples, activities and programmes are planned and implemented throughout the country during the week. Faahi Tapu he Vagahau Niue occurs in October every year and ties in with Niue Constitution celebrations.

FAAHI TAPU HE VAGAHAU NIUE

Ko e tau ua e teau mo e hogofulu ma ua (2012) ne fakatū ai e Vagahau Niue Trust, lagomatai aki e taofiaga, fakatumau e fakaaogaaga he Vagahau Niue mae tau tagata Niue oti ne fanau mo e nonofo ki Niu Silani. Ko e tau hukui he matakau nei ne tuku fenoga ki Niue, kumi atu ke moua falu a lagomataiaga mai he tau tagata i Niue, ko e fakaotiaga ne fakamooli ai he Palemia ko Sir Toke Talagi mo Mele Nemaia ko e takitaki he Vagahau Niue Trust e maveheaga, ko e Memorandum of Understanding.

Ko e tau tau oti, ne fakatokatoka ai he Vagahau Niue Trust e tau fakaholoaga ke lata mo e motu katoa ke fakamanatu aki e faahi tapu he Vagahau Niue. Fakatoka mo e fifili e matapatu ke fakavē aki e Faahi Tapu he Vagahau Niue, gahua auloa mo e Ministry for Pacific Peoples ke lata mo e tau fakatokatokaaga, tau fakaholoaga ti fakagahua ke he motu katoa ke lata mo e faahi tapu ia. Ko e Faahi Tapu he Vagahau Niue taute he mahina a Oketopa he tau tau oti, ke lata tonu ai mo e tau fakafiafia he Pule Fakamotu.

Leveki mo e Feaki e Vagahau Niue ma Anoiha

13 -19 October

Environment

Niue has a beautiful but harsh environment. Its beauty includes caves and arches such as Talava, mazes of jagged corals such as at Vaikona, sheltered swimming places such as at Limu and Matapa, and other unique places such as Togo Chasm and Huvalu Forest Conservation Area.

The tranquillity of Niue's deep blue ocean and crystal-clear water attracts many tourists who enjoy diving and snorkelling. Humpback whales migrate past Niue from July to October on their way to warmer waters where they breed and give birth, giving visitors and locals the opportunity to experience their presence.

Niue has a tropical climate, where the hot and wet season runs from December to March and the dry season runs from April to November. Rainfall averages 2000 mm per year. December to April is 'cyclone season'; Niue has been the victim of several cyclones, the most devastating being Cyclone Heta in 2004 when damage was spread across the island.

GEOGRAPHY

Niue is believed to be the world's largest raised coral atoll. A coral atoll forms when a coral reef grows on an underwater volcanic peak.

The soil on Niue is porous, like a sponge. The atoll has no surface streams, so for fresh water the people rely on water that has soaked into the ground or water that is collected from roofs.

The island lies northeast of New Zealand between the boundaries of Sāmoa, Tonga and the Cook Islands. Niue is made of limestone that was pushed above sea level by an earthquake.

Niue is 263^2 km in size, 0.5 km wide and 65 km in circumference. The land rises between 25–27 metres above sea level.

In January 2025, Cyclone Pita affected the island with winds of up to 72 km/h on land.

Tau Takatakaikaina a Niue

Fulufuluola e tau takatakaikaina, tau fonua ha Niue ti hagahaga kelea foki. Ko e fulufuluola he motu, tuga e loloku he Ana Talava, ko e talagaaga he tau patuō matila ki luga he tau feutu kua fevihuvihuaki tuga ki Vaikona, tau loloto kua malu mitaki mo koukou i Limu mo Matapa, mo e loga atu foki e tau takatakaikaina kua mua atu he mitaki, tuga e Ana i Togo mo e Vao Uhi Pākū ko Huvalu, ko e Fonua kua fai puipuiaga ki ai.

Ko e milino mo e hokulo he moana lanumoana ha Niue, ko e tavana he tahi ne kua futiaki mai aki e tau tagata evaeva, fiafia lahi ke ukuuku mo e kakau. Ko e tau tafuā ne fa fenoga mai ki Niue ka tuku fenoga atu ke he tau motu mafana, mai he mahina Iulai ki a Oketopa, ke fanau ha lautolu a tau punua foou, fiafia lahi mo e ofomate e tau tagata he motu mo e tau tagata evaeva ke kitia tata ti kakau mo e tau tafuā.

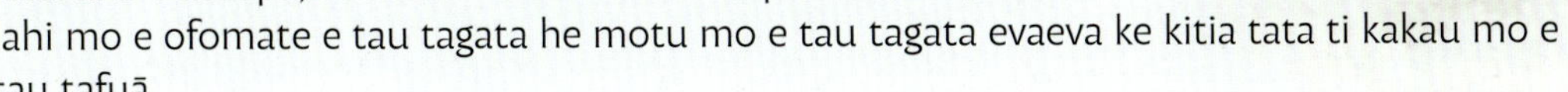

Ko e motu vela a Niue, tau mahina he vahā vela mai ia Tisema ki a Mati, mo e vahā mago, nakai lahi e uha, mai ia Apelila ki a Novema. Tisema ki a Apelila ko e vahā to afā. Ko Niue taha he tau motu ne kua lauia kelea ha ko e tau afā, lauia kelea lahi a Niue ha ko e afā ko Heta he tau ua e afe ua e teau mo e fā (2004), ne moumou mo e malona kelea e laulahi he motu.

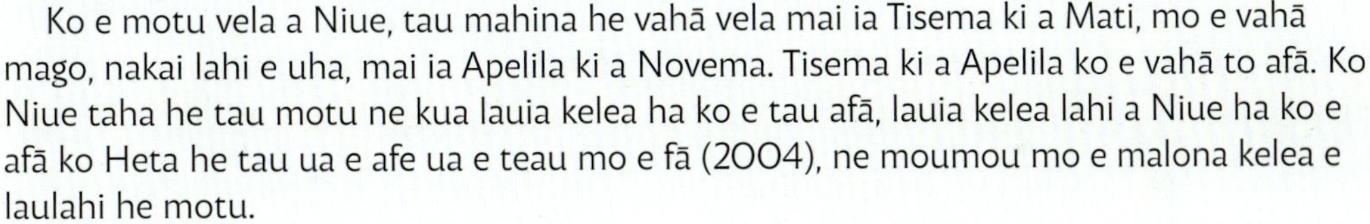

TALAGAAGA HA NIUE

Ne kua kitia mo e talitonu ki ai, ko Niue ko e taha he tau motu maka lahi he lalolagi ne poka hake mai he toka he tahi. Moua mai e matamaka nei mai he tau valavala patuō mo e tau mena ne tuputupu ki luga he tau tumutumu mouga afi.

Ko e kelekele ha Niue loga e tau pūpū tuga e kalaie fufulu kapiniu. Nakai fai vailele a Niue ke moua aki e vai magalo, ko e mena ia falanaki e tau tagata ke he vai mai he toka, vai uha ne moua ke he tau talamu vai mai he tau tua fale.

Nofo a Niue ke he faahi tokelau ki lalo ha Niu Silani, vahāloto he tau tuuta ha Sāmoa, Tonga mo e Atu Kuki Aelani. Ko Niue ko e motu makatea ne omoi hake he mafuike ki luga he tahi.

Ua e teau mo e onogofulu ma tolu (263^2) e lahi ha Niue, 0.5 e kilomita he laulahi, mo e ono lima (65) e kilomita he veliveli poke viko takai he motu. Uafulu ma lima ke he uafulu ma fitu (25–27) e mita he tokoluga he kelekele ne omoi ki luga he tahi.

Mahina ha Ianuali, tau ua e afe mo e uafulu ma lima (2025) ne lauia lahi e motu ha ko e Afā ko Pita, tau matagi malolō ko e fitugofulu ma lima (75) e kilomita he matahola, ne uulo malolō ki luga he motu.

NIUE

Hawaii
Marshall Islands
Pacific Ocean
Micronesia
Nauru
Kiribati
Solomon Islands
Tuvalu
Tokelau
Wallis and Futuna
Samoa
American Samoa
Cook Islands
Coral Sea
Vanuatu
Fiji
NIUE
New Caledonia
Tonga
Australia
Pacific Ocean
Tasman Sea
New Zealand

REEF
Hikutavake
TOI
Toi
Mutalau
Patuoko
Namukulu
NAMUKULU
HIKUTAVAKE
MUTALAU
Makanga
Tuapa
Tahileleki
TUAPA
Lakepa
Takaoga
Makefu
LAKEPA
Lalotuake
MAKEFU
Motu
REEF
Toi
ALOFI NORTH
Liku
LIKU
ALOFI
Fuata
Pikiona
Ana
ALOFI SOUTH
Fagalilika
Matavao
Vahavaha
TAMAKAUTONGA
HAKUPU
Fulalatea
Falehavaiki
Togo Chasm
Tamakautonga
AVATELE
Mataafi
Makaapiapi
REEF
Hakaupu
SOUTH PACIFIC OCEAN
Avatele
Vaiea
VAIEA

Flat
Plateau
Huvalu Forest Conservation Area

10 km

FLORA AND FAUNA

Vegetation on Niue includes approximately 60 native or pre-European plants and around 160 naturalised flowering plant species. The fiti pua is the national flower of Niue. There are also large trees such as banyans and Tahiti chestnuts, coconut trees, fan palms, pandanus and hibiscus.

Animals on Niue include fruit bats, the Niuean flat-tailed sea snake, Polynesian starlings and fruit doves. There are also cats and dogs, many of them strays because there is no veterinary clinic on the island where animals can be desexed. A volunteer group of New Zealand veterinary personnel visit the island once or twice a year to offer free care and treatment for animals.

Coconut crab

Coconut crabs (uga) live in forests, usually hiding under rock ledges or in rock crevices and holes in logs. The crabs eat primarily coconuts but also nuts, fruits and seeds and will scavenge on dead animals. Because of a declining population they are banned from being taken out of the country.

Niue fruit bat

Known as peka or flying fox, the Niue fruit bat is native to the island and is its only native land mammal. Rather than living in caves during the day, they roost on the limbs of tall trees, waking in the evening to look for food.

TAU AKAU MO E TAU MANU

Ko e tau akau he fonua ko e onogofulu (60) maopo e akau he motu poke tau akau tuai he motu to hoko mai e magahala ne omai e tau Palagi ke he motu, ti liga taha e teau mo e onogofulu (160) e akau fiti ne tutupu noa. Ko e fiti pua kua mailoga ko e fiti he motu. Ha ha i ai foki e tau akau lalahi tuga e tau ovava, tau ifi, tau niu, tau paama, tau fā mo e tau kaute.

Ko e tau manu i Niue, ko e tau peka, ko e tau katuali, tau miti mo e tau kulukulu. Loga foki e tau kulī mo e tau pusi, loga he tau manu nei ne o viko ha kua nakai fai toketa manu i Niue ke huki fakagata e tau manu. Taha e matakau mai i Niu Silani ne foaki ha lautolu a tau magaaho mo e oatu ki Niue lagataha poke lagaua he tau mo e foaki ha lautolu a tau magaaho ke tivi mo e leveki e tau manu mo e nakai fai totogi.

Uga

Nonofo e tau uga ke he tau uho vao, totolo mo e fakamumuli ke he tau lalo maka mo e tau avaava patuō, mo e tau avaava he tau akau popo. Ko e tau uga lahi ni ke kai he tau fua niu tau fua lakau, tau tega akau mo e tau kai ke he vao tuga e tau manu mamate. Ha kua tokolalo lahi e numela he tau uga ke he motu ko e mena ia kua nakai maeke ke uta kehe ha uga ke he falu a motu.

Tau peka

Ko e peka ko e manu he motu, taha maka ni e manu nei mai he tau faga manu pihia i Niue. Kua lata ke nonofo ke he tau liu ana he aho, kae nakai pihia, ne nonofo a lautolu gegagega ke he tau la akau, ti aala mai ke oatu mo e kumi kai ke he tau magaaho afiafi.

Art and culture

There are many tagata Niue and people of Niue descent who are successful arts practitioners. John Pule is an artist, novelist and poet; Che Fu describes himself as a vocalist, DJ, music producer and sneakerhead; Cora-Allan Wickliffe (Twiss) is spearheading the revival of the art of hiapo; Falepipi he Mafola is an Auckland-based weaving group led by Molly Pihigia. There are talented musicians who write and make music in Vagahau Niue and English, such as Glen Jackson, Malcolm Lakatani, Sheelagh Viliua and many others.

John Pule

WEAVING

Niue women are respected for the quality of their weaving. Women's weaving groups are established in most villages and throughout the year they will make a variety of woven products to display during their Village Show Day. These include hats (tau pulou), baskets (tau kato), fans (tau iliili), mats (tau potu) and tablemats (tau matalili), all of which are also for sale and come in different sizes, colours and shapes. A variety of patterns woven into these items brings out the best skills of each weaver. On Show Day prizes are given for the finest products.

Pandanus

Pandanus leaves (laufā), tau lau fou (bark from a tree- or sea-hibiscus) and other materials are used for weaving. Sadly, many styles of weaving are slowly disappearing.

MUSICAL INSTRUMENTS

Niue musical instruments include the drum (palau or nafa), which accompanies traditional dances like the meke (a dance style that combines storytelling with drumming). There are also modern-day instruments such as the ukulele and guitar. The kilikiliho, or nose flute, is a unique and rare Niue instrument.

Tau tufuga mo e tau aga fakamotu

Glen Jackson (centre)

Tokologa e tau tagata Niue mo lautolu ne tutupu mai ko e tau Niue, kua kautu ke he tau tufuga kehekehe. Lautolu ia ko John Pule, tagata ta fakatino mo e tohi alaga tala, Che Fu ko e tagata lologo mo Cora-Allan Wickliffe (Twiss) hane lali ke fakamoui e talagaaga he hiapo; matakau lalaga ha Falepipi he Mafola i Otahuhu ne takitaki e Molly Pihigia. Tokologa foki e tau fuata ne fati mo e uhu e tau lologo Niue mo e tau lologo palagi, tuga a Glen Jackson, Malcolm Lakatani, Sheelagh Viliua mo e tokologa atu foki.

TAU KOLOA LALAGA

Kua mailoga lahi e tau mamatua fifine Niue ha ko e tuaga tokoluga ke he ha lautolu a tau koloa lalaga. Igatia e maaga mo e tau matakau lalaga he tau mamatua fifine, ke he tau katoa, ne lalaga e lautolu e tau koloa kehekehe ke fakakitekite he tau Aho Fakatātā he Maaga. Ko e falu he tau koloa nei ko e tau pulou, tau kato, tau iliili, tau potu, mo e tau matalili, maeke foki ke fakafua he aho ia. Ko e tau koloa lalaga nei kehekehe e tau lalahi, tau lanu mo e tau puhala ne lalaga aki. Kehekehe foki e tau fakatino ne lalaga fakamanaia aki e tau koloa ti kua kitia foki e pulotu he tau mamatua fifine ne lalaga. Ke he Aho Fakatātā, moua foki e tau palepale ke lata mo e tau koloa kua mua atu he mitaki.

Ne fakaaoga e tau laufā, tau lau fou mo e falu a koloa foki ke lalaga aki e tau koloa. Momoko, ha kua loga e tau taleni mo e tau puhala lalaga hane galo fakahaga.

TAU LEO FAKATAGI

Ko e tau koloa fakatagitagi ha Niue ko e palau poke nafa ne fakaaoga ke lata mo e tau koli tuai he motu tuga e meke. Fakaaoga foki e tau koloa fakatagi foou he magahala nei tuga e ukulele mo e kītā. Ko e kilikiliho, uulo aki e pu ihu, talahaua ha kua kehe lahi e koloa nei mae tau Niue.

PRINTMAKING

An Auckland-based Cook Island group visited Niue and ran workshops on the craft of printmaking. Since then fabric printing has become a widespread hobby.

Printmaking has become popular and many Niue women have mastered the skill.

Fabrics are used to make lavalava, bedsheets, pillowcases and tablecloths.

CARVING

Not a lot of men are carving in Niue, but during Village Show Days and Niue Constitution/Pule Fakamotu celebrations many carved pieces are on show. It is a hobby for the men and they work from their homes or backyards. It is not an easy task to source the different types of native timber from the bush. It takes time for the wood to dry before it is ready for carving, and it is a physical task to cut and shape the wood.

Throughout the year some men will make items such as tika (throwing spear), pake kilikiki (cricket bat), katoua (long club), tau vaka ikiiki (small canoe) and tau polu (wooden bowls) for different events. These items have to be pre-ordered as they can take several months to carve.

HIAPO

In pre-European Niue tapa or hiapo was used for clothing, especially for women. Hiapo is made from the bark of a native tree called ata, which is like an oak tree. Bark from the ata is beaten (tuki) to form a cloth then placed in water inside a cave for several days before being removed for drying. A shell is used to create designs or patterns that mimic nature. Tūtū hiapo (a process for making hiapo) has not been practiced on Niue for a very long time but efforts are being made to revive the craft.

In New Zealand the use of hiapo patterns in tattoo and to mark non-traditional materials such as ceramics and accessories is popular.

VALI IE

Ne oatu e matakau he tau Mamatua Fifine he Atu Kuki Aelani mai i Okalana ki Niue mo e taute e tau vahega fakaako ke vali ie. Tali mai he magaaho na ne kua manikiti ki luga e mahuiga he vali ie, ko e taha gahua kua fiafia e tau mamatua fifine ki ai, ka kua tau uka lahi e tau lapa fakatino mo e tau vali.

Ha ne mahuiga fakahaga e vali ie ke he tau mamatua fifine ne kua lotomatala ke vali ie.

Tau ie vali, fakaaoga ke taute aki e tau lavalava, tau faliki mohega, tau fiuluga mo e tau faliki laulau.

TALATALAI

Nakai tokologa e tau mamatua taane ne taute e tau gahua talatalai i Niue, pete ia, ke he tau Aho Fakatātā he tau Maaga mo e Aho Pule Fakamotu ne kitia e loga he tau koloa talatalai ne kua fakatatā. Ko e taha gahua ne fiafia e tau mamatua taane ki ai, ti gahua a lautolu ke he tau loto kaina poke faahi tua he tau fale. Nakai ko e gahua mukamuka ke moua e tau vala akau he motu mai he tau vao. Fai magaaho foki ke toka e tau vala akau ke mago to maeke ke fakaaoga, ti ko e gahua uka ke hele mo e talatalai e patu akau moua e fakatino he mena ne manako ki ai.

Ke he tau katoa fai mamatua taane ne talaga e tau tika, tau pake kilikiki, tau katoua, tau vaka ikiiki, tau polu akau ke lata mo e tau feua kehekehe. Ota tuai e falu he tau koloa nei ha kua fai mahina ke talaga ai.

HIAPO

To hoko mai ke he magahala he tau Palagi, ne iloa mo e talitonu ko e tapa poke hiapo ne fakaaoga mo tui, mua atu mae tau mamatua fifine. Moua mai e hiapo he kili akau ko e ata. Ne tuki e kili ata ke moua mai e ie ti tuku ki loto he vai he tau liu ana ke fai aho, utakehe mai he vai ti toka ke mōmō. Fakaaoga e lapa feo ke talaga aki e tau fakatino, fakafifitaki atu ke he tufugatia ki luga he fonua. Kua leva lahi ne nakai taute e tūtū hiapo i Niue, kae fai tagata hā nē fae lali ke liu fakamoui mai e feua tuai nei.

Ki Niu Silani kua fakaaoga e tau fakatino he hiapo ke taute aki e tau tā tatau, fakaaoga foki ke vali aki e tau kapiniu maka.

Celebrations and sports

HAIR CUTTING

Hifi ulu means hair cutting. In Niue culture it is only for boys. It is believed that a hifi ulu marks a change from being a young boy to manhood. If families want to hold a hair cutting ceremony for their sons or boys, the boys have to grow their hair from birth until they become a teenager.

In Niue, families will prepare large amounts of raw food for the guests they invite to the hifi ulu. In New Zealand the food is cooked and served buffet-style for people at the event. People bring a gift of money to the ceremony and, in return, will receive a feast package and a strand of plaited hair once it has been cut.

The boy's hair is plaited into strips and guests are invited to come forward and cut a strip of hair. The first person to make a cut is the reverend or minister, who also blesses and officiates the day, followed by the boy's parents, close family and then the rest of the people in attendance.

EAR PIERCING

Ear piercing is a celebration for girls, marking the change to becoming a teenager or entering womanhood. Today, similar to hair cutting, it is not a commonly held celebration because of the cost and work involved. Protocols are similar to a hair cutting, including the feast and gift of money.

Traditionally, the ears were pierced using a sharp thorn from a lime tree and a baby coconut. Today, ear piercing guns are used. A member from each side of the family takes part in piercing the girl's ears.

Tau fakafiafiaaga mo e tau feua sipoti

HIFI ULU

Ko e hifi ulu ko e taha he tau aga fakamotu ha Niue ke lata mo e tau tama taane. Ko e fakamailogaaga ke he tama taane mai he tama taane fuata mui ke he fuata lahi. Ka manako e magafaoa ke taute e hifi ulu ke lata mo e tau fanau taane ha lautolu, kua lata pauaki ke fakatupu e ulu he tama tali mai he magaaho ne fanau ai ke hoko atu ke he vahā fuata.

Tau magafaoa i Niue, ne tauteute e tau galue lalahi ke he tau kai mata ke lata mo e tau magafaoa ne uiina. Tau magafaoa i Niu Silani, fakatokatoka e tau kai moho ke kai e tau tagata ne uiina. Tamai he tau uiina e tau fakaalofa tupe ke lata mo e hifi ulu. Ko e taui, moua e vala galue mo e lau ulu ne hifi ke he aho.

Fili e ulu he tama fakalālā ikiiki, ti uiina atu e tau tagata ke omai ke hifi e tau lauulu. Ko ia ke hifi mua e lauulu he tama ko e Matua Akoako poke Faifeau ne takitaki mo e fakamonuina e aho, mumui mai e tau mamatua he tama taane, lautolu ko e tau magafaoa ti fakaoti ke he tau tagata ne oatu ke he hifi ulu.

HUKI TELIGA

Ko e huki teliga ko e faiagahau fiafia ke lata mo e tau tama fifine, fakamailogaaga he tama fifine mui ke he tuaga ko e fuata lahi. Ko e magahala nei, kua tuga ni e hifi ulu kua nakai taute tumau ha kua lahi e tau uka mo e lahi mahaki e gahua ke taute. Ko e tau puhala mo e tau aga fakamotu ke lata mo e tau fakatokatokaaga kua tatai ni mo e hifi ulu, ko e tau galue mo e tau fakaalofa tupe.

Ko e aga fakamotu, huki e tau teliga aki e fotomoli matila ti fakaaoga mo e pona niu. Ko e magahala nei, kua fakaaoga e tau matini huki teliga. Ko e tau fifine mai he tau magafaoa ne ua ka huki e tau teliga he tama fifine.

THANKSGIVING

Thanksgiving is a traditional feast that takes place on the first Saturday after Christmas. It is the time when village members and growers present their best crops and give them to the village pastor. They also give boxes of chickens and/or corned beef, pigs, uga, fish and other foods. Some people donate money instead of food.

Each village gathers in front of the pastor's house to display the abundance of food they have collected. In return the village pastor gives thanks to God for the past year, and blesses all the crops for the new year so that they will be fruitful.

BLESSING OF THE YAMS

The Blessing of the Yams is an annual event that takes place on Good Friday. During this celebration yams are harvested and blessed by the pastor, who gives gratitude to God and asks for a good growing year to come. People in the village cook yams with coconut cream and bake them in an oven, then gather together to share the meal.

ANZAC DAY

Anzac memorials were established to commemorate the 150 brave men from Niue who went to the First World War. They left Niue in October 1915 under the watch of Māui Pōmare, a member of the New Zealand Parliament who sailed to Niue and helped with the recruiting process.

On Anzac Day (25 April) every year each village holds their own ceremony in the early morning before joining the national ceremony organised by the Niue Returned and Services' Association (RSA). Some villages hold their ceremony a day before to allow people to join the main ceremony in Alofi.

Each village has their own physical memorial that records the names of men from their village who went to war. The memorials are mounted on the village's main green. Niue people in New Zealand and Australia also hold their own commemorations to remember these great men.

FAKAAUE TAU

Ko e fakaaue tau ko e taha he tau aga fakamotu, ko e galue taute lagataha he tau ke he Aho Faiumu fakamua ka mole atu e Kilisimasi. Ko e magaaho he tau tagata he maaga, lautolu ko e tau tagata gahua fonua ke foaki e tau fua ne mua atu e mitaki mo e foha mai he fonua mae akoako. Foaki foki e lautolu e tau kai tuga e tau puha moa, tau puha punu, tau uga, tau ika mo e falu kai loga foki. Falu tagata he maaga ne foaki e lautolu e tau tupe.

Igatia e maaga mo e fakamaopoopo ki mua he fale akoako ke fakatātā e tau kai loga ne kua tatanaki ai. Ke taui aki e tau fakaalofa nei ne tuku atu he akoako he maaga e tau fakaaue ke he Atua ke lata mo e tau tuai ti fakamonuina e tau fua oti mai he fonua ke liu fakaloga mai foki ke lata mo e tau foou.

FAKAULU UFI

Ko e Fakaulu Ufi ko e mena taute lagataha he tau, taute he tau Aho Falaile ko e aho he Tala Mitaki. Ko e faiagahau nei, ne keli mai e tau ufi he vao ti fakamonuina he akoako, mo e foaki atu e navaaga ke he Atua mo e ole atu ke liu fakamonuina fakalahi ke lata mo e tau ne hagaao atu ki ai. Tunu mo e fakamoho he tau tagata he maaga e tau ufi aki e gako niu poke tao he umu ka oti ia ti tolo atu ke he fale tolo he maaga ke kai fiafia mo e tufatufa e tau ufi.

FAKAMANATUAGA HE AHO HE TAU KAUTAU

Ne taute mo e fakatū e Aho Kautau ke fakamanatu aki e tau toa Niue ne oatu ke he Felakutaki Fakamua he Lalolagi, ko e toko taha e teau mo e limagofulu (150) a lautolu. Ne toka e lautolu a Niue ia Oketopa, tau taha e afe hiva e teau mo e hogofulu ma lima (1915) ki lalo hifo he takitakiaaga ha Māui Pōmare, ko e tagata gahua ke he Palemene a Niu Silani, finatu pauaki a ia ki Niue ke lagomatai ke he fakamauaga he tau tagata ka oatu ke he tau.

Ko e tau Aho Kautau, igatia e maaga ne fai maka kautau mo e taute ha lautolu a tau fakalilifuaga, taute tuai he mogo pogipogi to oatu ke he fakalilifuaga i Alofi ne fakatokatoka he Matakau RSA ha Niue. Falu maaga ne taute tuai taha e aho to hoko e Aho Kautau ke maeke he tau tagata ke oatu ke he fakalilifuaga i Alofi.

Igatia e maaga mo e ha lautolu a tau maka kautau ne tohia ai e tau higoa he tau tagata mai he maaga ne oatu ke he tau. Fakatūtū e tau maka kautau nei ke he tau loto maaga. Ne taute foki he tau tagata Niue i Niu Silani mo Osetalia e tau fakalilifuaga nei ke fakamanatu aki e tau tagata talahaua nei.

TAKAI

Takai occurs every year in the first week of January. A prayer week service is held in each village. The old year is farewelled, and the new year is welcomed in. Convoys will travel around the island and people will sing, shout and be joyful.

Vehicles are decorated with balloons, crepe paper, flowers, green leaves, flags of Niue and of individual villages. The villages try to outdo one another: who has the most beautiful decorations, who has the oldest and scrappiest vehicle, and who has the loudest boom box? As the takai travels around, horns are tooted and music is played. One of the aims of the takai is to see who has the longest fleet of vehicles.

The lolly scramble is an important part of the takai. Other gifts include packets of noodles, tins of corned beef and packets of biscuits.

SPORTS

Many sports are played on Niue throughout the year. The main games are rugby (lakapī), touch rugby (lakapī tuaamo) and netball (netepol). In 2023 the Niue netball team were seventh overall at the Pacific Games.

Niue kilikiki (cricket) is a popular traditional sport. In the past Niue kilikiki was only played by men but nowadays women are enjoying the sport just as much. Players use bats that are made locally, and the game is played with four runners who run for the batters. Kilikiki matches help to bring people and villages together.

Lawn bowls is another sport strongly attended; in 2015 the Triples Female Lawn Bowls team won silver at the Pacific Games.

Traditional sports are held during sports days at schools or Village Show Days. These include tika throwing, tug-o-war and coconut rolling (women's event). Other popular sports are toho toume ('land skiing'), well liked by many young people, and poi tekeka (stilt racing).

In New Zealand, Niue NZ Darts Association unites and supports darts players around the country; Auckland Rugby supports players to succeed; Niue Rugby League in Auckland runs Toa Motu Rugby League, a programme that strives to make a pathway for players on the island; and Niue Touch Association NZ has entered teams in the Pacific Cup.

Niue people enjoy taking part in a wide range of sporting activities, with many reaching elite levels and representing their country or New Zealand in competitions around the world.

TAU TAKAI

Taute e tau takai he tau tau oti he faahi tapu fakamua ia Ianuali. Ko e faahi tapu he tau liogi hololoa ne taute ke he tau maaga takitaha. Ko e fakamaveheaga ke he tau tuai, mo e fakafeleveiaaga ke he tau foou. O viko e tau tagata he motu ke he tau peleō afi, lologo, tuikalaga mo e fiafia.

Fakamanaia e tau peleō afi aki e tau fua paluni, tau pepa fakamanaia, tau fiti lakau, tau lau akau, ti tautau e tau matini he maaga mo e motu ki luga he tau peleō afi.

Fetoko e tau maaga ke kitia: ko e ha hai e takai ne mua atu e mitaki he tau fakamanaia, ko hai ne heke e motoka ne mua atu e popo mo e kelea, ti ko e ha hai e puha leo fakatagi ne mua atu e leolahi. Fano viko e takai he motu, fakatagi e tau pu motoka, mo e tau lologo kua fakatagi. Manako ke kitia ko e ha hai e takai ne mua atu e lahi.

Mahuiga foki ke tolo mo e gana e tau lole ke he tau tagata kitekite. Gana mo e tolo atu foki e tau nutolo, tau punu povi mo e tau pekete keke humelie.

TAU FIAFIA SIPOTE

Loga e tau feua sipote ne pēlē ke he tau katoa i Niue. Ko e tau feua sipote ne kitia kua pēlē tumau, ko e lakapī, lakapī aamo mo e pēlē netepolo mae tau fifine. Tau ua e afe mo e uafulu ma tolu (2023) ne tu fitu e Matakau Netepolo a Niue ke he Pacific Games.

Talahaua e kilikiki Niue. Ko e vahā ia, ko e feua ta kilikiki ko e sipoti mae tau tagata taane ni hokoia, ka ko e magahala nei kua fiafia lahi e tau fifine ke he feua ta kilikiki. Fakaaoga he tau pake kilikiki talaga ni he motu, ti fakaaoga foki tokofā e talipoi ke tutuli e tau ola he tau tagata ta. Ko e feua fiafia ta kilikiki ke fakamaopoopo aki e tau tagata mo e tau maaga.

Kua tokologa foki e tau tagata he motu ne fiafia ke olo fua polo tea; tau ua e afe mo e hogofulu ma lima (2015) ne moua he Matakau Triples Female Lawn Bowls e fakamailoga siliva ke he Pacific Games.

Ko e tau feua sipote tuai he motu, taute he tau aho fiafia sipote he tau aoga poke tau Aho Fakatātā he tau maaga. Ko e tau sipote fakamotu nei ko e ta tika, toho toua, olo fuaniu mae tau fifine, toho toume ko e sipoti ne fiafia lahi e tau atuhau fuata ki ai mo e poi tekeka.

I Niu Silani, fakamaopoopo mo e lagomatai he Matakau Hokatao he tau Niue-Niusilani e tau matakau hokotao ke pēlē fano ai he motu; Matakau Lakapī ha Okalana, omoi mo e lagomatai e tau tagata pēlē ke kautu, Matakau Lakapī League ha Niue-Okalana, fakatokatoka e tau fakaholoaga sipote ne fakahigoa ko e Toa Motu Rugby League, ko e laliaga ke taute e puhala ke lata mo e tau tagata pēlē i Niue, mo e Niue Touch Association i Niu Silani, ne taatu mo e fakafiā ke he Pacific Cup.

Fiafia e tau tagata Niue ke pēlē ke he tau feua sipote ti tokologa foki a lautolu kua hohoko atu ke he tau feua sipote fetoko lalahi he lalolagi ke hukui a Niue mo Niu Silani.

PHOTOGRAPH CREDITS

Front cover: iStock-Lisa Strachan (main image); flickr-sandwich (children); Carolyn Lagahetau (uga).
Back cover: flickr-US Embassy (group); Mele Nemaia (hats).
Pages 2, 3, 6 (bottom), 7, 8 (signs), 14 (bottom), 15, 16 (top), 18 (bottom), 19 (bottom), 20, 24 (top and middle), 34 (bottom), 35, 37 (all), 38 (top, basket), 39 (top), 40 (bottom), 44 Carolyn Lagahetau; pp. 4, 5, 6 (top), 8 (people), 13, 14 (top), 16 (bottom), 17, 18 (top), 26 (top), 27, 28 (both), 38 (pandanus and bottom), 40 (top), 41 (both), 42, 45, 47 Mele Nemaia; p. 1 Dreamstime-Burtct; p. 10 (top) PA1-o-468-75, Alexander Turnbull Library, Wellington, (bottom) Dreamstime-Brain Scantlebury; p. 12 Alessandra Zecchini; p. 19 (top) Alamy-Victoria Jones; p. 22 Auckland Libraries Heritage Collections 437-ALB117-60-2 Mission Station, 1886; p. 24 flckr-US Embassy; p. 26 Dreamstime-Michael Williams; p. 29 Alamy-David Sanger photography; p. 31 Alamy-Imago; p. 33 Maria Aka; p. 34 (top) flckr-US Embassy; p. 36 Charles J. Sharp; p. 39 Alamy-Imago; p. 46 (top) Rhonda Tiakia Tomailuga, (middle) Alamy-Mike Robinson, (bottom) flickr-Naparazzi. The publisher has made every effort to identify the owners of imagery used in this book; readers are invited to contact the publisher in case of any errors.

Published by Oratia Books, Oratia Media Ltd, 783 West Coast Road, Oratia, Auckland 0604, New Zealand (www.oratia.co.nz).

ISBN 978-1-99-004271-3

Recipient of a 2024 Contestable Fund Grant from Copyright Licensing New Zealand.

Editor: Carolyn Lagahetau
Designer: Cheryl Smith, Macarn Design

First published 2025

Printed in China